MIT GROSSEM VORLAGENPOSTER

Basteln durchs Jahr mit Martina Lammel

Meine 100 liebsten KREATIV-PROJEKTE

EMF

INHALT

Katzenfiguren mit Rost-Effekt, S. 48

Frostige Effekte mit Kerzengel, S. 154

Gewürzmühlen im Kaktus-Look, S. 52

DIY-PAPETERIE, LETTERN UND DRUCKEN

TEXTILDESIGN FÜR KREATIVE

WEIHNACHTLICHE DEKO

KLEINIGKEITEN ZUM VERSCHENKEN

HINWEIS: ***Die Nummern in den Stepbildern sind nicht fortlaufend, sondern richten sich nach den betreffenden Textpassagen der Anleitung.***

Batik-Shirts leicht gemacht, S. 138

Lampenschirm im Flechtkleid, S. 90

Osterkörbchen aus Papier, S. 14

VORWORT

Liebe Leserin, lieber Leser, hallo Selbermacher!

Einhundert Ideen zum Selbermachen, zusammengefasst in einem Jahresbuch - das ist ein schöner Moment für mich - und vielleicht auch für dich! Mit dieser Auswahl meiner bisher noch nicht gedruckten Ideen aus meinem Atelier, möchte ich dir Inspirationen geben, Freunde mit persönlichen Geschenken zu beglücken, deine Wohnung mit individuellen Elementen zu gestalten und deinem Fashion-Style mit Lieblingsfarben den besonderen Kick zu verleihen.

Unscheinbare Dinge aus dem Alltag haben oft ebenso viel Potential wie neue, spannende Materialien, die die Kreativbranche liefert: Korkleder, SnapPap, Kreativbeton und Holzfurnierstoff spielen deshalb genauso mit wie Wellpappe, Schwemmholz, Flaschenverschlüsse & Co.

Nachdem ich die beliebtesten Projekte zusammengetragen hatte, erstellten wir im Verlag eine Einteilung in Kapitel, die hauptsächlich der Übersicht dient. Du wirst beim Stöbern schnell merken, dass viele Dinge leicht abwandelbar sind und beispielsweise neben dem praktischen Nutzen auch Geschenkcharakter haben können - so wie auch dieses Buch an sich!

Auch einige leichte Holzprojekte sind vertreten, da sich dieser Werkstoff wachsender Beliebtheit erfreut und moderne Tools es ermöglichen, auch ohne Werkstatt und große Vorkenntnisse wunderbare Einzelstücke zu verwirklichen. Welches ist dein Lieblingsmaterial? Bestimmt werden dich in diesem Buch viele Dinge inspirieren, neue Materialien auszuprobieren und Dinge des Alltags mit anderen Augen zu sehen. Die Welt ist voller kreativer Überraschungen. Finde deine Lieblingsprojekte!

Ich wünsche dir viel Freude und gutes Gelingen nach meinem Motto:

Alles was du selbst erschaffst wird einzigartig sein.
Gestalte dir dein Leben im DIY-Design!

Eure Martina

GEGOSSENE EIERBECHER

FÜRS OSTERFEST

Eier zum Osterfest zu verschenken ist eine symbolische Geste mit Tradition. Die Wertschätzung für das einzelne Ei kann durch einen individuellen Eierbecher noch unterstrichen werden.

Material

- 200g Knetmasse
- Kunststoff-, Holz- oder
- Pappmaschee-Ei
- etwas Salatöl
- Karton, lackiert (Cover von
- Katalogen oder Magazinen)

- Klebeband
- Gießmasse in Pulverform
- Plastikschüssel zum Anrühren
- Anlegemilch und Blattmetall
- Effekt-Marker oder Acrylstifte in Wunschfarbe

- Klarlack, lebensmittelecht
- Messer
- Holzstäbchen
- Flachpinsel

So wird's gemacht

1. Ein Stück Knetmasse zu einer Kugel formen und leicht flach drücken. Dann das künstliche Ei mittig in die Masse eindrücken. Den Rand glätten, sodass ein Zylinder entsteht, der etwas größer ist als die gewünschte Form des Eierbechers. Mit dem Messer kann die Fläche um das Ei herum sehr exakt geglättet werden, indem man eine kleine Schicht Knete waagerecht abschneidet.

TIPP: ***Die frei liegende Kuppe des Eis mit sehr wenig Öl einreiben, so löst sich die Form später besser vom Gips. Bei glattem Material reicht auch das Abtupfen mit der Knete.***

2. Das lackierte Papier zu einem Zylinder einrollen, mit Klebeband fixieren, senkrecht über das Ei stülpen und in die Masse stecken, bis die Form stabil ist.

3. Das Pulver nach Angaben des Herstellers anrühren und die Gießmasse in die Form gießen. Durch Klopfen auf die Arbeitsplatte können die verbleibenden Lufteinschlüsse aus der Gipsmasse entfernt werden.

4. Nach dem Aushärten die Form vorsichtig aus dem Papier herauslösen und die Knetmasse mit dem Ei abnehmen. Die Gestaltung mit Schrift oder Anlegemilch und Blattmetall kann sofort vorgenommen werden, auch wenn sich die Oberfläche noch kühl und feucht anfühlt. Du kannst gerne freihändig arbeiten oder dir ein Lettering aus dem Internet aussuchen, dieses auf die Gipsform übertragen und die Buchstaben nachzeichnen.

5. Zum Schluss die Form noch mit lebensmittelechtem Klarlack überziehen. So können auch die Letterings nicht mehr verlaufen.

HOLZ-HÜHNER

EINFACH SCHNITZEN

Schnitzen, muss man das nicht zuerst in einem Kurs erlernen? Nein, denn mit dieser Idee schummeln wir geschickt und lassen mit nur ein paar wenigen Schnitzspänen tolle Einzelstücke entstehen. Das kann jeder!

Material

- Kantholz-Reststücke
- Montageklebstoff
- 2 Nägel oder Acrylfarbe in Schwarz
- Schnitz- oder Taschenmesser
- ggf. Pinsel

So wird's gemacht

1. Je ein längliches und ein kürzeres Holzstück bilden gemeinsam ein Huhn. Die Kanten des länglichen Stücks nach und nach wegschnitzen, bis eine harmonische Rundung von Kopf und Brust entstanden ist. Die Späne für den nächsten Schritt aufbewahren. Wichtig: Das Messer immer unterhalb der haltenden Hand ansetzen und vom Körper weg bewegen!

2. Die beiden Holzelemente mit Klebstoff verbinden und den Übergang beidseitig mit Holzspänen überdecken. Zunächst grobe Späne aufkleben, später feinere Holzflocken in die Zwischenräume einfügen. Dann passende Holzlocken für Schnabel und Kamm heraussuchen und aufkleben.

3. Augen können entweder durch kleine eingeschlagene Nägel mit schwarzen Köpfen angedeutet oder auch einfach aufgemalt werden. Damit die Farbe nicht in den Holzfasern verläuft, empfehle ich unverdünnte Acrylfarbe aufzutupfen oder einen Tubenmaler zu verwenden.

HINWEIS: ***Lindenholz ist weich und eignet sich deshalb besonders gut für Schnitzarbeiten. Da wir hier ein wenig mogeln, kann man aber auch gewöhnliches Fichtenholz verwenden, jedoch möglichst ohne Astaugen.***
Die Holzstücke müssen nicht zueinanderpassen. Durch verschiedene Kombinationen von unterschiedlichen Reststücken bekommt jede Figur einen individuellen Charakter.

HASENFAMILIE

AUS SCHEITHOLZ

Manchmal sind es die einfachsten Materialien, die uns sofort ins Auge springen. Die schlichten Holzscheite verwandeln sich in zeitlose Figuren, die den Eingangsbereich der Wohnung österlich schmücken.

Material

- fester Karton
- Styropor-Ei, 12 cm ø
- Rundholz, ca. 8 mm ø
- Gipsbinden
- 2 Zahnstocher
- wetterfeste Farbe in Weiß
- Holzscheit, trocken
- Einweghandschuhe
- Schere
- Sprühflasche mit Wasser
- Pinsel
- Holzbohrer
- Vorlage Hasenohren (VB 1)

2

TIPP: ***Für ein Hasenkind kann man auch ein halbiertes Holzstück verwenden. Oftmals finden sich in einem Holzsstapel auch teilweise verwachsene, halbrunde Stücke mit Astansätzen, die sich ebenfalls gut eignen.***

So wird's gemacht

1. Je zwei Ohren pro Hase mithilfe der Vorlage aus Karton zuschneiden. Ein Styropor-Ei auf einen Rundholzspieß stecken und an der oberen Rundung an zwei Stellen mit einem Schlitz versehen. In die Schlitze nun die Ohren einstecken.

2. Dann eine Gipsbinde in ca. 5–10 cm lange Abschnitte zerteilen und eine Sprühflasche mit Wasser bereitstellen. Handschuhe anziehen. Zunächst einige Gipsbindenstücke einzeln mit Wasser ansprühen und Stück für Stück den Übergang zwischen Pappohren und Styropor-Ei bedecken. Zur Stabilisierung jedes Ohr mittig von beiden Seiten mit einem Zahnstocher abstützen. Diesen dazu zur Hälfte in das Styropor stecken. Den Gips aushärten lassen.

3. Nach etwa einer Stunde kann man die Gipsbeschichtung fortsetzen. Das trockene Gipsbindenstück jeweils auflegen und mit Wasser besprühen. Dann zügig glatt streichen und so überlappend den gesamten Hasenkopf in Gips hüllen. Dabei auch die Zahnstocher bedecken. So alle Köpfe der Hasenfamilie herstellen.

4. Die Köpfe mit der weißen Farbe streichen und nach erneutem Trocknen die Nasen und Augen aus kleinen Rindenstückchen aufkleben. Dann die Holzscheite mittig auf der Schnittfläche anbohren und die Köpfe aufsetzen. Nun die Scheite noch mit einigen unregelmäßigen Akzenten in Weiß bemalen.

MODERNE OSTEREIER
AUS DRAHT

Osterdekoration oder elegante Tropfenformen – das Ei wird hier einmal ganz anders interpretiert. Die matt reflektierende Oberfläche des Drahts verleiht diesen Formen eine geheimnisvolle Note.

Material

- Aluminiumdraht, 2–3 mm ø
- Flachzange mit Seitenschneider
- Stück Faden

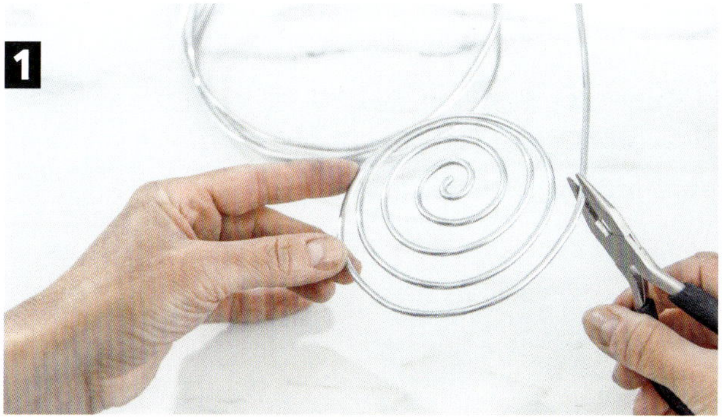

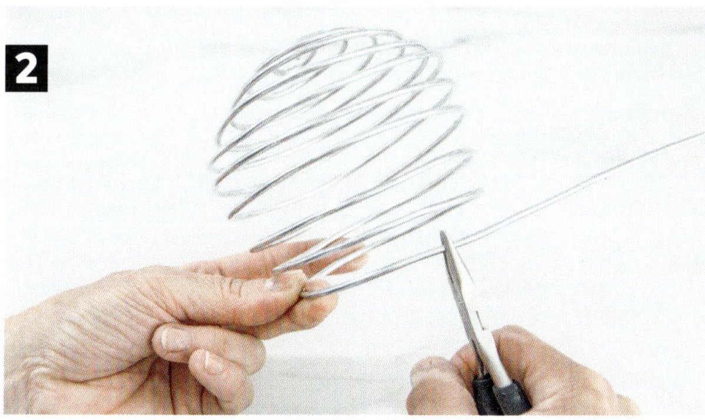

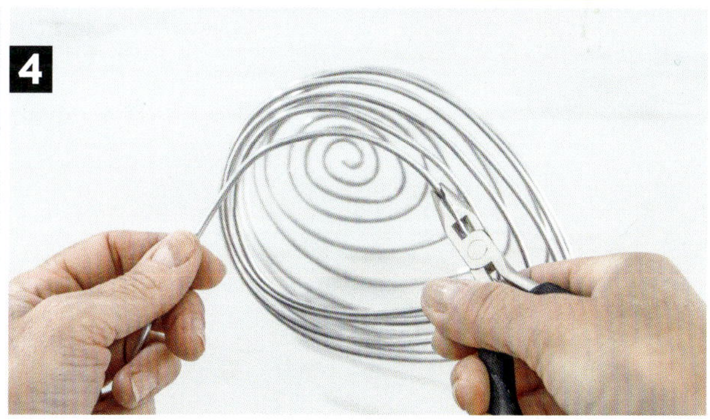

So wird's gemacht

1. Für die erste Variante in horizontal verlaufender Spiralform beginnt man am unteren Ende mit einer kleinen, runden Biegung. Hier wird der Draht mit der Zange fixiert und gedreht. Die zweite Hand führt den möglichst glatten Strang zu, indem dieser locker gehalten wird. So entsteht nach einigen Runden zunächst eine flache Spirale, die dann leicht in die halbrunde Form gezogen wird.

2. Das Gerüst nun drehen und jeweils an der letzten Windung greifen, drehen und den Draht mit der Zange zuführen und biegen. Mit Gefühl und etwas Übung gelingt dir eine perfekte Rundung, die zur Eispitze hin immer enger wird.

3. Am Ende den Draht kappen und zu einer kleinen Schlaufe biegen. Hier kann der Faden für die Aufhängung angeknotet werden.

4. Die zweite Form ist etwas anspruchsvoller zu formen, da bei jeder Windung eine Eiform gebogen wird. Man beginnt mit einer kleinen Eiform, die immer größer und in der zweiten Hälfte wieder stetig kleiner wird.

OSTERKÖRBCHEN

AUS PAPIER

Es gibt jedes Jahr tolle, neue Geschenkpapiere. In Kombination mit Packpapier werden unsere Lieblingsgeschenkpapiere zu stabilen Verpackungen, die auch gleich als Osternest dienen.

Material

- Geschenkpapier
- Packpapier
- doppelseitiges Klebeband
- Kartonreste
- Schere

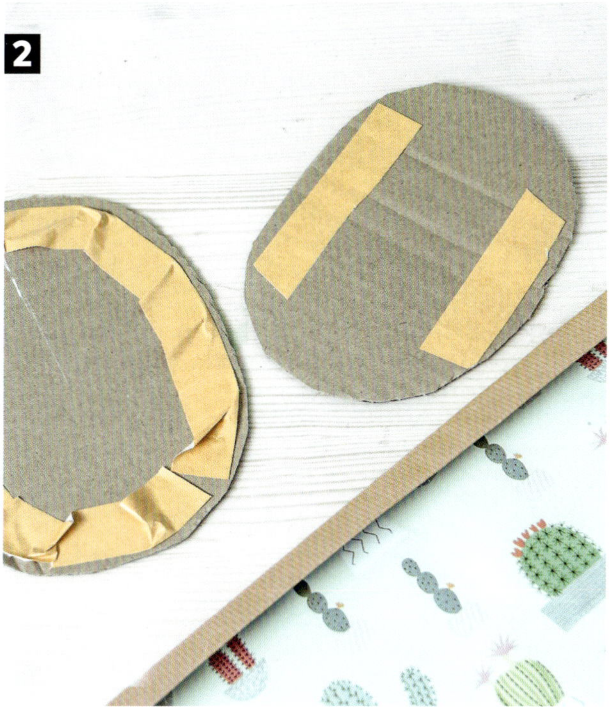

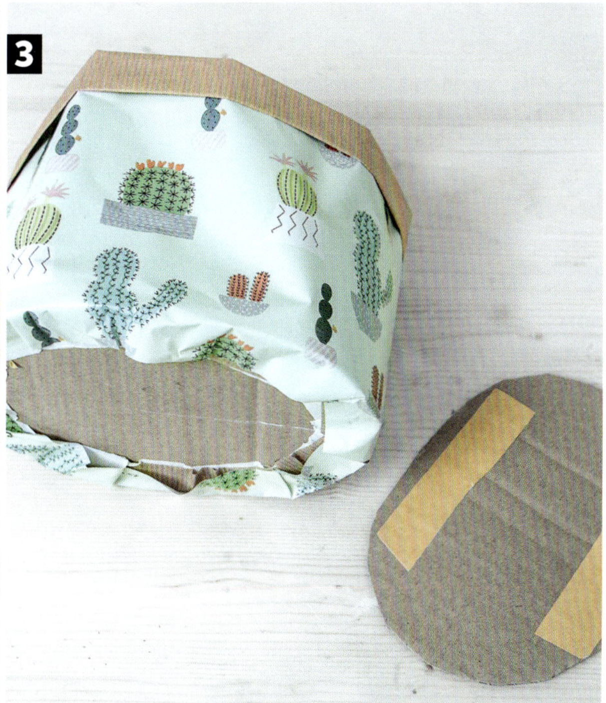

So wird's gemacht

1. Pro Körbchen einen Streifen Packpapier und einen ebenso großen Streifen Geschenkpapier zuschneiden. Deren Länge richtet sich nach dem gewünschten Umfang und die Breite nach der benötigten Höhe des fertigen Körbchens. Die beiden Papierlagen an den Kanten mit Klebeband zusammenkleben. Den oberen Rand zweimal nach vorn einschlagen, sodass eine geschlossene Kante entsteht.

2. Jeweils zwei Böden in runder oder ovaler Form im gewünschten Umfang aus den Kartonresten zuschneiden, wobei einer ca. 1cm kleiner sein sollte als der andere. Den größeren Boden ringsum mit doppelseitigem Klebeband vorbereiten, wie es das Foto zeigt. Beim kleineren reichen zwei Klebestreifen.

3. Den größeren Boden entlang der offenen Kante des Packpapiers rollen und dabei das Papier an der Unterseite ankleben. Dann den zweiten Boden als Abschluss über den welligen Papierrand kleben.

TIPP: ***Zum Füllen der Osterkörbchen eignet sich natürliche oder eingefärbte Holzwolle oder schlichte Papierraspel, diese unterstreichen den beliebten Paper-Look. Dann Eier oder Geschenke darin verstecken.***

KÜNSTLERISCHE TELLER

MIT HASENMOTIV

Der Hase ist ein allgemein beliebtes Ostermotiv. Wir arbeiten mit groben Skizzen von Hasen und setzen diese auf einen Untergrund nach eigener Farbwahl. So entsteht auch ohne eine außergewöhnliche künstlerische Begabung individuelles Ostergeschirr.

Material

- Keramikteller
- Keramikfarbe in Grüntönen
- Pauspapier
- Keramikfarbe oder -marker in Schwarz
- Flachpinsel, weich
- Bleistift
- ggf. Haarpinsel, weich
- Vorlagen Hasenmotive (VB 1)

So wird's gemacht

1. Die Telleroberfläche zunächst sorgfältig säubern, damit die Farbe später besser hält.

2. Farbe gut aufrühren, da sich Farbpigmente am Glasboden absetzen. Die Döschen aber nicht schütteln, da sich sonst störende Bläschen bilden.

3. Die Grundfläche zunächst nach Wunsch in einem oder mehreren hellen Grüntönen bemalen, dazu ist ein Flachpinsel mit weichen Borsten geeignet. Danach die Farbe etwa eine Stunde trocknen lassen. Dann eine der drei Hasenskizzen mithilfe der Vorlage und Pauspapier auf den Teller übertragen.

4. Nun malst du die Konturen in Schwarz mit einem weichen Haarpinsel auf. Du kannst hierfür jedoch auch einen schwarzen Keramikmarker verwenden.

TIPP: ***Bitte beachte bei den Farben die Angaben des Herstellers, auch in Bezug auf die Verwendung mit Lebensmitteln!***

5. Manche Farben müssen nach dem Trocknen im Backofen eingebrannt werden, andere sind nach einer angegebenen Trocknungszeit bereits spülmaschinenfest. Ich selbst spüle meine selbst gestalteten Keramikwerke jedoch immer von Hand.

VERSPERBRETT

ZUM EINROLLEN

Ein praktisches Utensil für den Rucksack ist dieses Holzbrettchen aus unbehandelten Leisten. Mit einer Widmung oder lustigen Verzierungen ist es auch ein originelles Geschenk für Wanderfreunde.

Material

- Kantholzleisten, 25cm lang
- Baumwollstoff
- Holzleim
- Kartonstreifen
- Brandmalkolben
- ggf. Zackenschere

So wird's gemacht

1. Die Leisten in Wunschlänge sägen oder bereits im entsprechenden Maß kaufen. Alle Holzstücke nebeneinander auf der Arbeitsfläche auslegen. Werden unterschiedliche Breiten verwendet, mit den schmalen Hölzern an einer Seite beginnen und dann die Breite steigern, da sich schmale Leisten später viel enger einrollen lassen.

2. Die Gesamtfläche ausmessen und das Stoffstück etwas kleiner zuschneiden. Sollte eine Zackenschere vorhanden sein, gerne verwenden. Dann ist der Stoff versäubert und franst nicht mehr aus. Ansonsten darauf achten, dass im nächsten Schritt der Leim zuverlässig alle Stoffränder einschließt.

3. Den Leim in schmalen Spuren mittig auf jede Leiste auftragen. Dann mit einem flachen Stück Karton vorsichtig glatt ziehen, dabei darf der Leim nicht in die Rillen eindringen.

4. Den Stoff auflegen und faltenfrei andrücken. Erst nach dem Aushärten des Leims das Brett umdrehen und mit dem Brandmalkolben verzieren.

HINWEIS: ***Als originelles Extra habe ich für Gürkchen, Tomaten und Senf kleine Vertiefungen mit dem Rotationsschleifer in die Oberfläche geschliffen. Das ist nur eine Anregung, ebenso die Beschriftung. Als Geschenk für Wanderer bietet sich auch das Eingravieren des Namens des Beschenkten an.***

VOGELFUTTERSTATION

MIT KORKDACH

Vogelfutter sollte immer trocken bleiben. Wird es feucht, können sich Keime und Schimmel bilden. Korkleder bietet sich als wetterfestes Material perfekt für ein ausreichend großes Dach an und passt optisch zum natürlichen Look der Futterstation.

Material

- Korkleder, 30 x 45 cm
- Heißkleber
- Bindfaden, stabil
- 14 Naturkorken
- 8 Bambusstäbe, 20 cm lang
- Schraubhaken
- Draht
- Zirkel
- spitze Schere
- Zange
- Meisenknödel

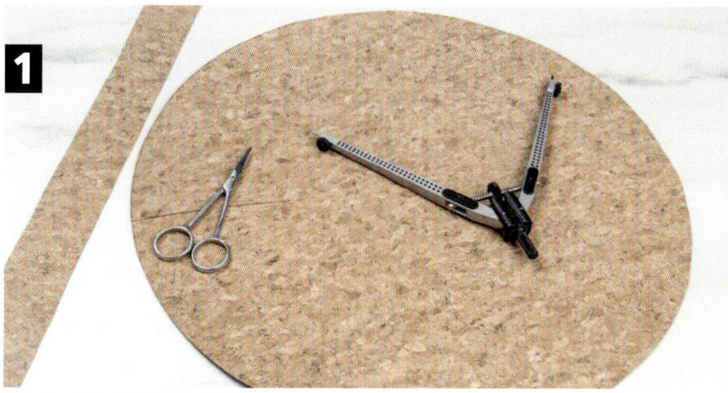

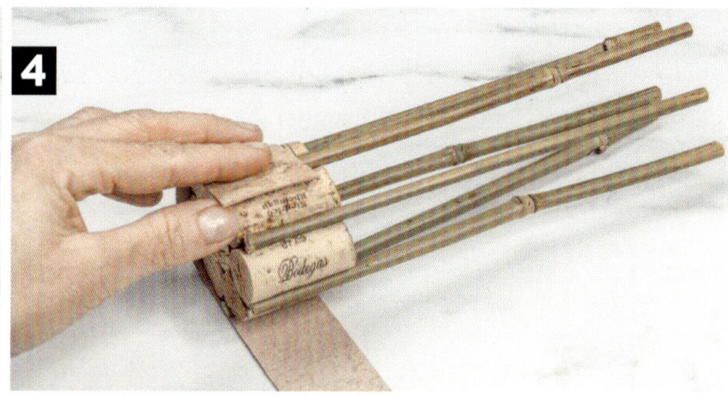

So wird's gemacht

1. Mithilfe des Zirkels einen maximal großen Kreis auf der Korklederplatte vorzeichnen und ausschneiden. Eine Linie vom Mittelpunkt zum Rand ziehen und hier den Kreis aufschneiden. Außerdem einen 4 cm breiten Streifen aus dem Korkrest bereitlegen.

2. Aus dem Kreis nun einen Kegel formen, die Korklagen dabei knapp bis zur Hälfte überlappen lassen und mit Heißkleber befestigen. Ein Stück Faden als Schlaufe durch das enge Loch in der Spitze schieben, das ist die Aufhängung.

3. Die Bambusstäbe mit einer Kneifzange auf 20 cm Länge kürzen. Zweimal je sieben Korken so zusammenkleben, wie es das Foto zeigt. Dann sechs der Stäbe in die Zwischenräume eines Korkblocks stecken und 4 davon mit Klebstoff befestigen.

4. Die beiden übrigen Stäbe lose anlegen, alles stramm mit dem Korklederstreifen umwickeln und diesen mit Heißkleber festkleben.

5. Den Schraubhaken mittig in den zweiten Korkblock eindrehen und diesen am oberen Ende in das Gerüst aus vier Stäben einkleben. Die Gruppe zusätzlich mit Draht umwickleln und diesen an den beiden freien Stellen fest nach innen andrücken.

6. Am unteren Block zwei Bambusstangen ergänzen. Dazu von beiden Seiten ein Loch mit der spitzen Schere vorstechen und die Stäbe dort einschieben.

7. Die Meisenknödel einlegen und den sechsten Stab als Verschluss einsetzen. Den gefüllten Korb an der Schlaufe unter dem Korkdach einhängen.

LATERNEN

FÜR CAMPING-ROMANTIKER

Camper sind erfinderisch, muss doch beim Outdoor-Erlebnis hier und da improvisiert werden. Diese Dinge haben dann oft ihren ganz eigenen Charme. So wie diese Laternen aus Zeltheringen.

Material

- 3 ausgediente Zeltheringe
- Stück Schwemmholz
- 3 Holzschrauben
- Draht
- Glas mit Kerze
- Sand
- Metallbohrer
- Akkuschrauber
- Zange

So wird's gemacht

1. Das Schwemmholz auf einem geeigneten Gegenstand ablegen, sodass es etwa 2 cm Abstand vom Boden hat und eine gerade Ebene bildet. Die Heringe in Position bringen (siehe fertiges Projektbild) und die Stellen auf den Heringen markieren, wo sie mit dem Holzstück verbunden werden müssen. Dann drei Löcher bohren, sofern dort noch keine sein sollten. Zum Bohren am besten ein Stück Holz unterlegen.

2. Die Heringe nun mit dem Akkuschrauber durch die gebohrten Löcher mit Holzschrauben am Schwemmholzstück festschrauben.

3. Jetzt fixierst du die Heringe oben mit etwas Draht aneinander. Du kannst den Draht anschließend mit der Zange zu einer Schlaufe biegen und hast so die Möglichkeit die Laterne auch aufzuhängen.

4. Etwas Sand in das Glas füllen, auf dem Holzstück platzieren und eine Kerze einstellen. Nach Wunsch mit Muscheln oder anderen Fundstücken verzieren.

MEILENSTEINE

FÜR BESONDERE ERINNERUNGEN

Familienereignisse wie runde Geburtstage, Geburt oder die Taufe des Kinds setzen uns gedankliche Meilensteine. Hier werden diese zur Erinnerung in Stein gemeißelt – ganz einfach nachzumachen mit meinem kreativen Trick.

TIPP: ***Wer keinen Garten hat, kann diese Idee auch auf kleinere Steine für den Innenbereich übertragen oder den schweren Block als Buchstütze im Regal nutzen.***

Material

- Pflasterstein
- Acrylspachtelmasse mit feiner Körnung
- Acrylfarbe, z. B. in Braun und Beige
- feuchtes Tuch
- Spachtel
- Holzstäbchen
- Schleifpapier
- Pinsel oder Schwamm

So wird's gemacht

1. Die Oberfläche des Steins muss staubfrei sein, damit die Beschichtung dauerhaft hält. Mit einem feuchten Tuch die Frontseite leicht anfeuchten, dann die Spachtelmasse etwa 3 mm dick auftragen, dazu das Spachtelwerkzeug verwenden.

2. Den gewünschten Schriftzug mit einem geeigneten Holzstäbchen in die feuchte Masse ritzen, überschüssiges Material an einem Tuch abstreifen. Die Masse trocknen lassen.

3. Nach dem Trocknen kann man ungewollte Klümpchen noch mit Schleifpapier entfernen. Dann nimmst du etwas von beiden Acrylfarben mit dem Schwamm oder Pinsel auf und trägst sie auf den Stein auf. Dabei sind Schattierungen erwünscht.

4. Die Meilensteine z. B. als Buchstütze oder auf dem Boden im Freien platzieren. Interessant wird es nach einigen Jahren, wenn sich mehrere dieser Symbole im Garten befinden, schon teilweise zugewachsen sind und so beim zufälligen Anblick die Erinnerungen an die vergangenen Ereignisse wecken.

TIPP: ***Eine wetterfeste Lackierung für draußen ist nicht notwendig. Dass sich im Laufe der Jahre Moos und natürliche Patina ansetzen, ist ein erwünschter weil charmanter Nebeneffekt.***

TIERISCHE ZIERSTEINE

FÜR DEN GARTEN

Diese kleinen Gartenbewohner lieben es, sich von der Sonne verwöhnen zu lassen, sitzen auf ihrem Stein und ziehen die Blicke im Garten auf sich.

Material

- großer Stein
- kleiner, flacher Kiesel
- Montageklebstoff
- Spritztube
- Acryl-Tubenmaler in Wunschfarben
- Bleistift
- Froschskizze zur Orientierung (VB 1)

1

3

So wird's gemacht

1. Die Skizze dient zur groben Orientierung und muss nicht auf den Stein übertragen werden. Um die Platzierung der vier Füße festzulegen, kannst du den kleinen Kiesel auf den großen Stein auflegen und mit Bleistift Markierungen setzen. Pro Froschfuß beginnst du mit dem Montageklebstoff die Zehen zu zeichnen und zur Fußmitte hin auslaufen zu lassen.

2. Sind alle Froschfüße aufgemalt, setzt man mittig, um den Rumpf anzukleben, einen großzügigen Klebepunkt und ergänzt nun die Beine als Verbindung. Dann den flachen Kiesel als Rumpf aufsetzen.

TIPP: ***Falls du den Frosch leicht seitlich am Stein platziert hast, unterlege diesen zum Trocknen so, dass der Froschkörper nicht abrutschen kann.***

3. Sobald sich die Konstruktion aus Montageklebstoff und Stein stabil anfühlt, können die Augen als dicke Klebstofftropfen ergänzt werden.

4. Mit verschiedenen Acrylfarben, die direkt aus der feinen Tubenspitze aufgetragen werden, zeichnest du nun Pupillen auf und bemalst den Frosch farbig. Wichtig bei dieser Art von Tubenfarbe ist, dass man sie stets auf dem Kopf stehend lagert, damit keine Luftblasen die Gestaltung stören.

LEUCHTENDE STEINE

AUS SALZTEIG

Wie kommt das Loch in den Kieselstein? Diese Frage erübrigt sich rasch beim Lesen der Anleitung. Mit der geschickten Bemalung und durch die Mischung mit echten Steinen, wird die Tarnung der aus Salzteig modellierten Kiesel perfekt.

Material

- Salzteig aus Mehl, Salz und Wasser (Rezept siehe Anleitung)
- 3 Teelichter
- Acrylfarbe in Beige, Grau, Braun, Weiß und Schwarz
- Backpapier
- Schwamm
- Pinsel

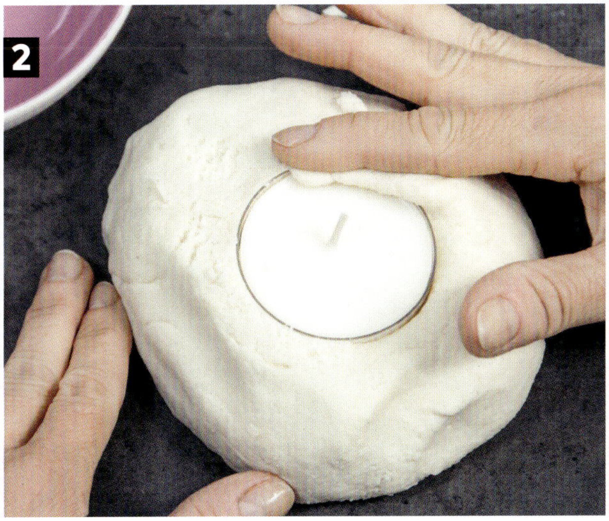

So wird's gemacht

1. Um den Salzteig herzustellen, zwei Teile Mehl, einen Teil Salz und einen Teil Wasser vermengen und gut durchkneten. Eine Portion entnehmen und ein Oval daraus formen.

2. Das Teelicht mittig in die Form drücken und den Übergang rings um das Gefäß mit dem Finger glatt streichen. Dabei immer in Richtung des Rands modellieren und überschüssige Masse entfernen.

3. Die Salzteigsteine an einem warmen Ort durchtrocknen lassen oder im Ofen zunächst bei einer Temperatur von ca. 100–120 °C eine halbe Stunde antrocknen und anschließend im gut gelüfteten Raum aushärten lassen. Erst danach kann die Teelichthülle herausgenommen werden.

TIPP: ***Um das Trocknen zu beschleunigen, kannst du die Formen im Backofen bei kleiner Hitze eine Weile backen. Achte jedoch darauf, dass Teelichthüllen, die aus Kunststoff sein können, nicht zu heiß werden! Die Wachskerze solltest du auf jeden Fall vor dem Backen aus der Hülle nehmen.***

4. Die getrockneten Formen mit Acrylfarbe zuerst in Grau oder Beige grundieren. Dann mit dem Schwamm Schattierungen hinzufügen und mit dem Pinsel Linien und Details einzeichnen. Orientiere dich dabei an echten Kieselsteinen, die das Ensemble später ergänzen sollen.

GARTENKATZEN

AUS TERRAKOTTATÖPFEN

Diese frechen Figuren sind echte kleine Helferlein. Sie beherbergen entweder Ohrenkneifer als natürliches Mittel gegen Blattläuse, sorgen für einen dekorativen Abschluss der Zaunpfosten oder sehen einfach nur super aus.

Material

- Terrakottatopf, beliebige Form
- 3 kleine, flache Kieselsteine
- 2 kleine Schneckenhäuschen
- Silikonklebstoff
- Scherben von Pflanztöpfen
- Kokosseil
- Draht, verzinkt
- Kombizange
- Arbeitshandschuhe
- ggf. Holzwolle

3

4

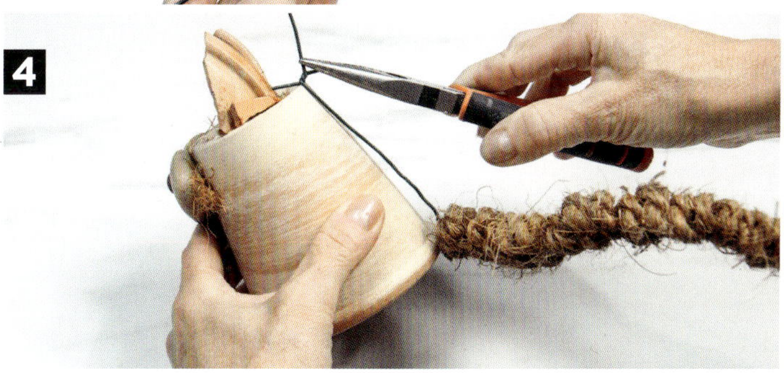

5

So wird's gemacht

1. Die Kieselsteine von Staub säubern, damit der Klebstoff gut hält. Das Gesicht der Katze aus flachen Kieseln gestalten, dabei einige Fasern vom Kokosseil als Haare einlegen und alles auf den Terrakottatopf aufkleben. Pupillen aus zwei Steinchen oder kleinen Schneckenhäuschen ergänzen.

2. Als Ohren zwei passende Terrakottascherben verwenden. Nötigenfalls kannst du mit einer Kneifzange die Form korrigieren. Trage dabei bitte Handschuhe zum Schutz. Den Klebstoff aushärten lassen.

3. Für den Schweif ein Stück Draht doppelt legen und das Seil einhängen, die Drahtenden miteinander verdrehen und den Draht lang abschneiden. Dann das Seil eng um den doppelt gelegten Draht wickeln, dies so lange machen, bis die gewünschte Schweiflänge erreicht ist. Das Seilende mit dem Draht fixieren.

4. Die offenen Drahtenden dienen zur Befestigung am Topf. Das eine Drahtende von innen und das andere von außen zum Bodenloch führen und dort die Enden verdrehen. Den Katzenschweif zurechtbiegen.

5. Zum Schluss schließt du das Loch zwischen den Katzenohren mit Silikon, dann kann kein Regenwasser mehr eindringen. Zur Verwendung als Insektenbehausung füllst du den Topf mit Holzwolle aus und platzierst die Katze unmittelbar in der Nähe von mit Läusen befallenen Pflanzen.

PRAKTISCHER SCHUHPUTZER

AUS HOLZ

Dieses schlaue Kätzchen bringt deine Treter zum Glänzen. Einfach mit einem Fuß die Konstruktion auf dem Boden fixieren, der andere Fuß gleitet mit dem Schuh über die Bürsten. Dann abwechseln, schon sind die Schuhe sauber!

Material

- Holzbrett
- Acrylfarbe in Mint
- Acrylmarker in Schwarz
- Schichtholzplatte, ca. 20 x 30 cm, 14 mm stark
- 2 Schrubber, Besen oder Bürsten
- Heizkörperbürste
- ca. 6 Holzdübel, 6 mm
- Holzleim
- Klarlack
- Pinsel
- Bleistift
- Holzbohrer, 6 mm
- Vorlage Katze (VB 1)

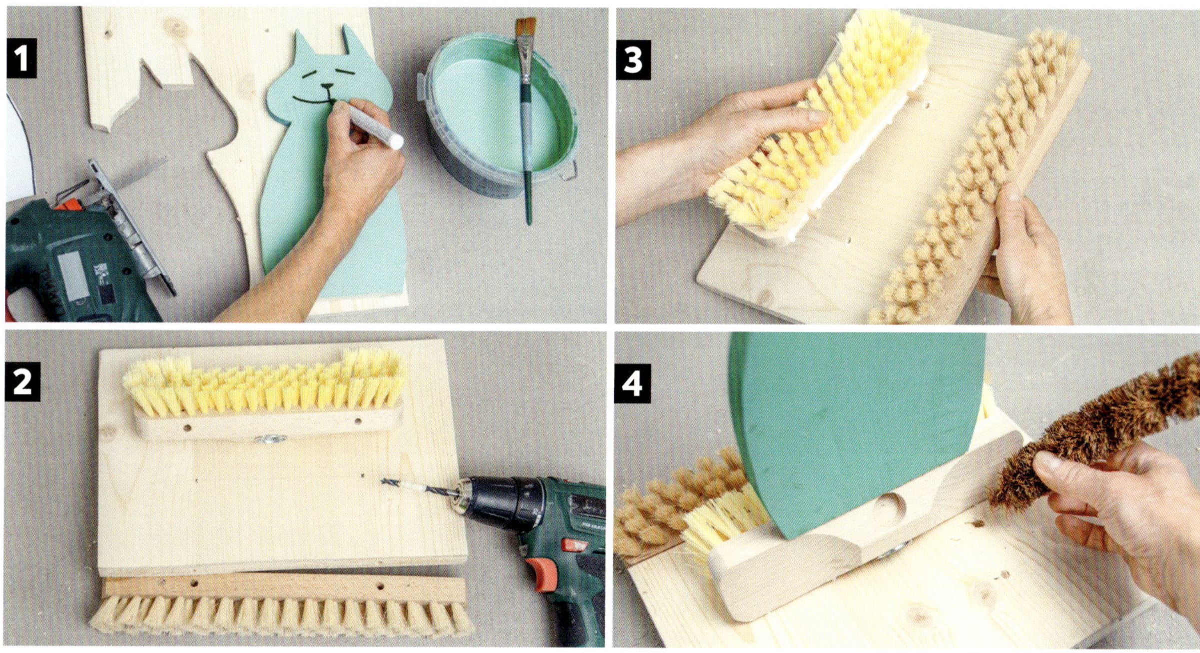

So wird's gemacht

1. Die Katzenvorlage auf das Holzbrett übertragen und die Kontur aussägen. Dann die Katze in Mint bemalen, trocknen lassen und das Gesicht mit dem Acrylmarker aufmalen.

2. Die Anordnung der Bürsten festlegen, dazu am besten mit einem Schuh die optimale Anordnung austesten. Ich habe hier eine Bürste seitlich gekippt mittig auf dem Schichtholzbrett aufgebracht und die andere mit den Borsten nach oben seitlich am langen Brettrand. Die Bohrlöcher zunächst auf den Bürsten vorzeichnen. Dabei darauf achten, dass diese zwischen den Borstenbündeln platziert werden, da diese sonst herausfallen. Die Lochpositionen markierst du dann auch auf dem Brett und bohrst anschließend alle Löcher.

3. Die Holzdübel mit etwas Leim versehen und in die Löcher stecken. Die Kontaktflächen der Bürsten ebenfalls mit Leim bestreichen. Dann die Bürsten und das Brett fest zusammenstecken.

4. Das Katzenmotiv ebenfalls mit Hilfe von Dübeln und Leim auf der gekippten Bürste anbringen. Hinter dem Motiv ein ausreichend großes Loch in die Holzplatte bohren und dort eine Heizkörperbürste oder ein anderes, längliches Putzutensil einkleben.

5. Zum Schluss die gesamte Holzoberfläche mit Ausnahme der Borsten mit einem schützenden Klarlack überziehen. Das macht das Holz wetterfest und schmutzabweisend.

MOSAIK

AUS ALTEN TELLERN

Teller bekommen Kratzer und Sprünge oder verwandeln sich im Nu in einen Scherbenhaufen. Das heißt für uns Kreative noch lange nicht, dass dieses Stück ausgedient hat. Das Besondere an diesem Mosaik: der Teller von damals ist im Übertopf noch klar erkennbar.

Material

- weißer Keramikteller
- Küchentuch
- alte Übertöpfe
- Silikon- oder Montageklebstoff
- Flex-Fugenmörtel in Anthrazit
- Plastikschüssel zum Anrühren
- Hammer
- Arbeitshandschuhe
- Schutzbrille
- Fliesen- oder Kneifzange
- Holzstäbchen
- feuchter Schwamm
- Gummihandschuhe

1

3

4

So wird's gemacht

1. Den Teller in das Küchentuch hüllen, Schutzbrille aufsetzen, Arbeitshandschuhe anziehen und mit dem Hammer den Teller zerschlagen.

2. Mit der Zange die Scherben so bearbeiten, dass keine spitzen Kanten mehr vorhanden sind, woran man sich beim Verfugen verletzen könnte. Dabei die Zange ansetzen, das Tuch darüberlegen und erst dann kneifen, so verhinderst du das Herumfliegen von kleinen Bruchstücken.

3. Die Scherben mit der Wölbung nach oben auf der Arbeitsplatte bereitlegen und Stück für Stück auf den Übertopf kleben. Den Klebstoff aushärten lassen.

4. Den Fugenmörtel mit Wasser anrühren, dabei die Packungshinweise beachten. Zügig nach und nach die Zwischenräume damit ausfüllen. Höhenunterschiede zwischen den Scherben sind für den speziellen Look erwünscht und können mit der Fuge nun angeglichen werden.

5. Nach dem Trocknen können die Scherben von überschüssiger Fugenmasse befreit werden. Dazu Gummihandschuhe anziehen und mit dem feuchten Schwamm auf jeder Scherbe von innen nach außen wischen.

HINWEIS: ***Keramik gibt es in vielen unterschiedlichen Qualitäten. Sollte man die Wahl haben zwischen mehreren Tellern, empfehle ich, eine eher „weiche" Keramik zu bevorzugen. Man erkennt das Material am Ring auf der Unterseite, wo sich keine Glasur befindet. Fühlt sich hier das Material rau an, ist es besser für Mosaik geeignet als glatte, dichte Ware. Auch eine eher dünne Glasur bietet sich besser an, da eine dickere Glasschicht scharfkantige Bruchstellen hervorbringt und die Bearbeitung mit der Zange erschwert.***

COOLE KÜCHENUHREN

Die Flaschenverschlüsse sind auf den ersten Blick gar nicht unbedingt zu erkennen. Diese Uhren verlangen Aufmerksamkeit und sind ein richtig toller Hingucker für jede Wand.

UHR MIT SCHRAUBVERSCHLÜSSEN

Material

- Keilrahmen, 40 x 40 cm
- Acrylfarbe in Mint
- DIY-Uhrwerk mit hoher Achse von mindestens 20 mm
- passendes Zeiger-Set
- Silikonklebstoff
- ca. 100 gesammelte Flaschenverschlüsse aus Blech
- Malerkrepp-Klebeband
- Pinsel
- Schere
- Schutzhandschuhe

So wird's gemacht

1. Den Keilrahmen mit der Acrylfarbe in Mint streichen und trocknen lassen. In die Mitte des Keilrahmens ein Loch schneiden und rückseitig das Uhrwerk mit Silikonklebstoff befestigen.

2. Inzwischen die kleinen Blechstreifen an der Perforation der Flaschendeckel nach außen biegen. Bei einhundert Verschlüssen bietet es sich an, als Schutz Handschuhe zu tragen.

3. Für die Einteilung der Flaschenverschlüsse ist es hilfreich, sich mit Malerkrepp-Klebeband ein provisorisches Orientierungsraster aufzukleben. Zunächst zur Probe zehn Deckel entlang der oberen Kante platzieren, die Zwischenräume optisch vermitteln. Dann auch alle weiteren Deckel auflegen.

4. Deckel für Deckel abnehmen und aufkleben, die umgebogenen Blechlaschen bieten sich als Klebeflächen an. Von vorne das Zeigerset nach Herstellerangaben aufstecken.

UHR MIT KRONKORKEN

Material

- Keilrahmen, 30 x 30 cm
- Acryllack seidenmatt in Weiß
- DIY-Uhrwerk mit hoher Achse von mindestens 16 mm
- passendes Zeiger-Set
- Silikonklebstoff
- 64 Kronkorken
- Malerkrepp-Klebeband
- Pinsel
- Schere

So wird's gemacht

1. Die Uhr nach der Anleitung links arbeiten. Statt der Schraubverschlüsse die Kronkorken aufkleben und mit Vorder- und Rückseite der Deckel variieren.

HINWEIS: ***Wichtig beim Kauf des Uhrwerks ist es, die Höhe der Mittelachse zu kennen. Hier hängt sie von der Höhe der Flaschenverschlüsse ab.***

UNTERSETZER
AUS KOCHLÖFFELN

Neue oder auch ausgediente, gesammelte Holzutensilien aus der Küche finden nach etwas Aufarbeitung in dieser Idee eine neue Aufgabe als Untersetzer für heiße Töpfe.

Material

- mind. 4 Kochlöffel aus Holz oder Bambus
- Acrylfarbe in Weiß
- Acrylmarker in Schwarz
- SnapPap in Schwarz
- Klebstoff (für Holz und Papier)
- Pinsel
- Schere
- ggf. feines Schleifpapier

So wird's gemacht

1. Sofern es sich um ausgediente, benutzte Holzlöffel handelt, diese zunächst mit feinem Schleifpapier etwas aufarbeiten.

2. Die Holzlöffel etwa zur Hälfte deckend mit weißer Acrylfarbe streichen und trocknen lassen. Bei stark abgenutzten Stücken ist eventuell auch ein doppelter Acrylanstrich nötig.

3. Mit dem Acrylmarker an den Übergängen ringsherum einen schmalen Strich setzen. Eventuell nach Geschmack noch weitere Schmuckstriche aufmalen.

4. Das SnapPap (waschbar und lederähnlich) in vier schmale Streifen schneiden. Diese dürfen in ihrer Breite um einige Millimeter variieren. Die genaue Länge kannst du am Ende ggf. noch anpassen.

5. Die harmonische Lage der Löffel muss zunächst ausprobiert werden. Es gibt bei jedem Stück eine Seite, die beim Liegen einen festeren Halt bietet. Lege die SnapPap-Streifen aus und experimentiere mit unterschiedlichen Abfolgen und Abständen, bis die Anordnung gefällt.

6. Lege nun Stück für Stück spiegelverkehrt auf den Tisch, so kann der Klebstoff bequem auf das Holz getupft werden. Die SnapPap-Streifen auflegen und leicht andrücken. Den Klebstoff aushärten lassen.

WANDBEHANG
AUS SCHWEMMHOLZ

Der Wandbehang aus lauter Fundhölzern vom Strand ist nicht nur dekorativ, er dient zusätzlich als ungewöhnliche Jahresübersicht mit persönlicher Note.

Material

- mindestens 12 Fundholzstücke in unterschiedlichen Größen
- Acrylfarbe in Weiß
- feine Acrylstifte in verschiedenen Farben
- Klebestift
- verschiedene schmale Zierbänder
- Federn, Muscheln und Deko, ganz nach Wunsch
- 6 Nägel
- Flachpinsel, weich
- Holzbohrer
- Hammer
- Vorlage Wandkalender (VB 2)

So wird's gemacht

1. Die Holzstücke teilweise und leicht unregelmäßig mit verdünnter Acrylfarbe in Weiß lasieren und trocknen lassen.

2. Die Vorlage mit den Monatsnamen kopieren oder abpausen, grob ausreißen und auf die Hölzchen kleben. Eine andere Alternative ist das direkte Beschriften der Holzstücke. Dazu kann die Vorlage bei Bedarf als Orientierung verwendet werden.

3. Die vorhandenen Holzstücke zunächst auf dem Boden liegend so anordnen, wie sie später hängen sollen, dann mit dem Bohrer Löcher bohren, damit sie aufgehängt werden können.

4. Die Elemente jetzt in der richtigen Abfolge auf die Bänder auffädeln und jeweils verknoten. Federn, Muscheln, kleine Gegenstände, Holzstückchen und andere leichte Dekorationen mit einbinden.

5. Zum Schluss in ein größeres Fundholz unten vier Nägel einschlagen und daran die Stränge befestigen. Oben nochmals zwei Nägel für die Aufhängung ins Holzstück nageln.

DEKOSET

AUS KIESELSTEINCHEN

Unscheinbar und heiß geliebt als zeitloser Naturbaustoff, inspirieren Kieselsteinchen seit jeher die Kreativwelt. Beim Einsatz als Untersetzer kommt es hier besonders auf den richtigen Klebstoff an.

Material

- flache Kieselsteine
- Silikonklebstoff, transparent (z. B. MS Polymer)
- Allzweck-Gitter (Handwerkermarkt, alternativ: Knüpfstramin)
- Kartonstreifen
- Klarlack, seidenmatt
- Schere

So wird's gemacht

1. Die Kieselsteine im Wasser abspülen und anschließend nach Größe sortieren. Flache Steine eignen sich für die Untersetzer am besten. Die Steine kreisförmig auf der Arbeitsfläche auslegen, die Anordnung möglichst lückenlos gestalten.

2. Den Klebstoff auf die trockenen Steine auftragen. Bei großen Höhenunterschieden kann man hier durch die Verwendung von mehr oder weniger Klebstoff einen Ausgleich schaffen.

3. Ein Stück Gitter grob zuschneiden und – falls es von einer Rolle kommt – möglichst gerade biegen. Auf den frischen Silikonklebstoff auflegen und mit einem Stück Pappkarton vorsichtig andrücken. Der durch das Gitter quellende Klebstoff ist erwünscht und wird einfach glatt gestrichen. Danach erstmal alles gut aushärten lassen.

4. Nach dem Aushärten das überstehende Gitter knapp abschneiden. Jetzt kann der Untersetzer umgedreht und mit Klarlack bearbeitet werden.

TIPP: ***Ein Anstrich mit Klarlack hebt die Farbigkeit der Kiesel hervor. Bei Verwendung des Untersetzers für sehr heiße Töpfe muss dann jedoch ein hitzeverträglicher Lack gewählt werden.***

FOTOBÜCHLEIN

FÜR URLAUBSERINNERUNGEN

Ein Fotobüchlein aus Baumwollstoff ist genau das Richtige, um ab und an in Erinnerungen zu schwelgen und lädt immer wieder zum Träumen ein, zum Beispiel vom letzten Urlaub.

Material

- Baumwollstoff
- ca. 10 Fotos
- Klebestift
- Lineal
- Cutter und Schneidematte
- Zackenschere

So wird's gemacht

1. Den Stoff doppelt nehmen und vor dich hinlegen, mit der schönen Seite nach oben. Die Fotos darauf anordnen, dabei zunächst Bilder im Querformat berücksichtigen, sofern möglich. Der Abstand zwischen den Bildern sollte immer etwa gleich sein und lasse auch einen kleinen Rand um die Bilder herum stehen. Prüfe die Abstände mit dem Lineal.

2. Jetzt erst den Stoff mit dem Cutter entsprechend zuschneiden und die beiden Stofflagen mit dem Klebestift verbinden. Dann die Fotos für die Rückseite anordnen. In diesem Fall habe ich hier die Aufnahmen im Hochformat verwendet, auf der anderen Seite befinden sich die Querformate.

3. Die gesamte Stoffbahn nach Aushärten des Klebstoffs an der Seite mit der Zackenschere einkürzen. Dies hilft auch gegen das Ausfransen des Stoffs.

LICHTKORB

MIT ALTGLAS

Ein ganz zauberhaftes Spiel von Reflexionen und schimmernden Spiegelungen bietet der Korb mit edlem Altglas. Es ist lediglich eine Schicht gesammelter Flaschen nötig, um den großen Korb zu füllen, denn innen ist er leer und bietet ungehindert Platz für Leuchtmittel.

Material

- Holzbrett, 40 x 80 cm
- gesammelte Glasgefäße
- Acrylfarbe in Schwarz
- Drahtgitter, 50 cm breit
- Holzleim
- LED-Lampe
- Bleistift
- Säge
- Pinsel
- Tacker
- Kneif- und Flachzange

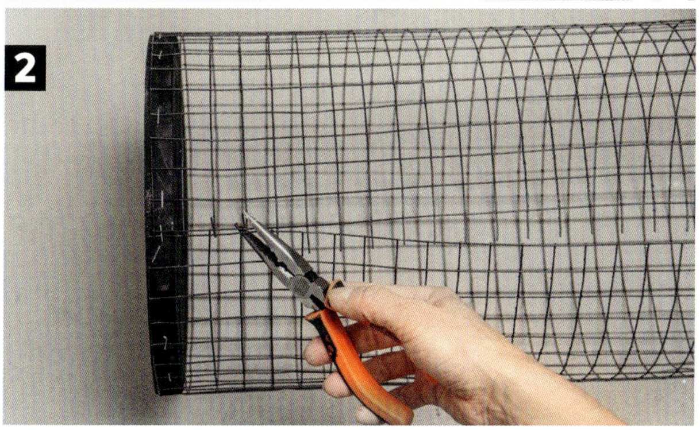

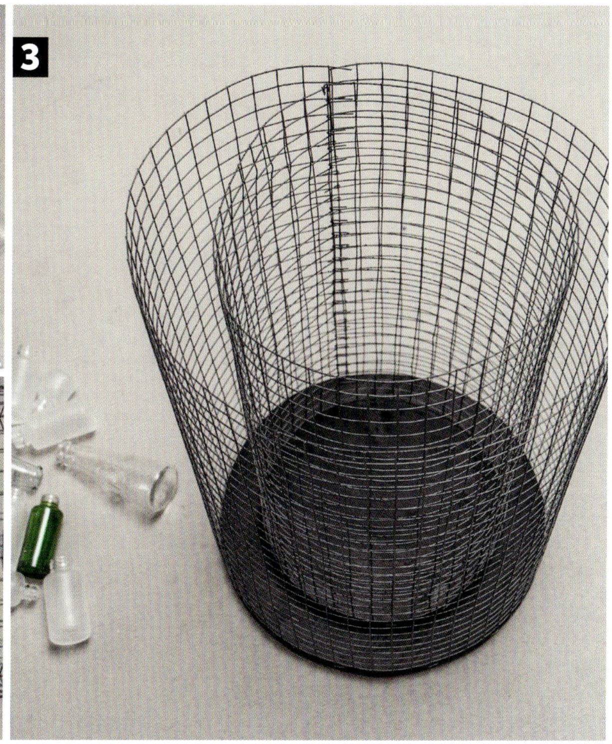

So wird's gemacht

1. Zunächst den gewünschten Umfang des Leuchtobjekts als Kreis auf dem Brett vorzeichnen und aussägen. Durch Anordnen einiger Flaschen zur Probe kann der Umfang des inneren Kreises festgelegt werden. Den kleinen Kreis aufzeichnen und aussägen.

2. Die beiden Holzkreise mit Acrylfarbe bemalen und trocknen lassen. Dann das Drahtgitter mit dem Tacker ringsherum am großen Kreis fixieren und am Ende das überschüssige Material abtrennen. Die offenen Drahtgitterteile können jetzt mithilfe der Zange zusammengedrückt und ineinander gebogen werden. So wird der Korb geschlossen.

3. Ebenso am kleinen Holzkreis rundherum Drahtgitter fixieren. Dann beide Körbe ineinanderstellen und mit Holzleim montieren.

4. Die Glasgefäße in den Zwischenraum einfüllen und die LED-Lampe mittig platzieren.

KATZENFIGUREN

MIT ROST-EFFEKT

Diese Gesellen im Rusty-Look sind am liebsten drinnen und können beispielsweise als Schlüsselversteck dienen. Den Rosteffekt unterstreiche ich hier mit einem Trick, der Schweißnähte vortäuscht.

Material

- Gefäße aus Ton, Blech
- oder Glas
- diverse Kleinteile aus der Heimwerkerkiste, Kieselsteine
- Montageklebstoff
- ggf. Heißkleber
- wetterfeste Farbe in Silber oder Anthrazit
- Rost-Effekt-Farbe oder Acrylfarben in Rosttönen
- ggf. Sand
- Pinsel
- Schwamm

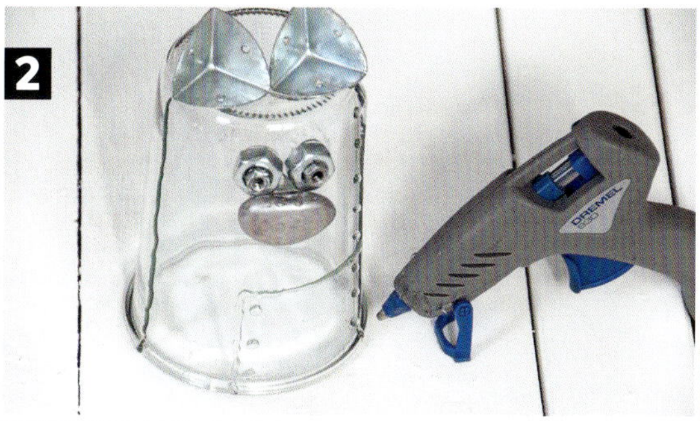
2

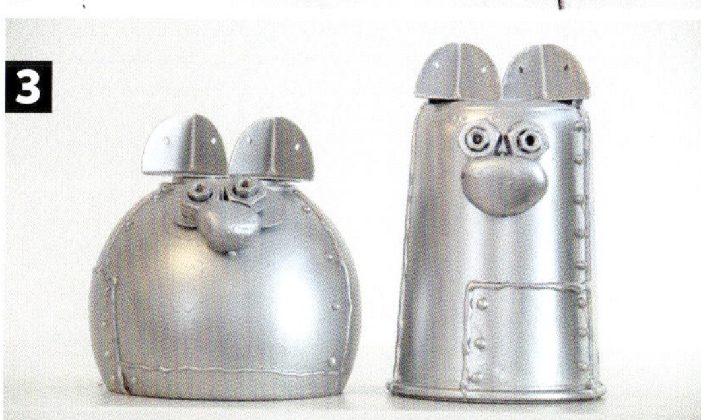
3

4

So wird's gemacht

1. Aus Kleinteilen wie Kieseln, Muttern, Unterlegscheiben, Flachdübeln, Winkeln und Blechecken werden Ohren und Gesicht der Katzen gestaltet. Die Teile mit Montageklebstoff auf das umgedrehte Gefäß kleben und aushärten lassen.

2. Um die Illusion einer Figur aus Metall zu unterstreichen, werden mit Klebstoff zusätzlich Linien und Punkte aufgemalt. Das kann mit dem Montageklebstoff und einer schmalen Tülle erfolgen oder mit einer Heißklebepistole. Bei Verwendung von Glasgefäßen muss die Oberfläche gut entfettet werden.

3. Als Grundierung für die Rost-Patina wird die gesamte Figur in Silber oder Anthrazit gestrichen.

TIPP: ***Im Fall eines Glasgefäßes bitte Haftgrundierung verwenden.***

4. Nach dem Trocknen den Rost-Effekt auftragen. Dieser wird in der Regel durch mehrfache, übereinanderliegende Farbschichten erzielt und teilweise mit Farbpuder ergänzt. Bei Verwendung eines fertigen Dekor-Sets aus dem Kreativ-Fachhandel ist die Schritt-für-Schritt-Anleitung des Herstellers zu beachten, um den gewünschten Effekt zu erzielen. Bei Experimenten mit unterschiedlichen Farben aus der Restekiste wird tupfend gearbeitet und dabei werden Farbtöne wie Orange und Türkis in die rotbraune Farbe gemischt. Außerdem ist das Einstreuen von etwas Sand hilfreich, um den natürlichen Look zu erzielen.

DIY MIT ETIKETTEN

Die randlose Tablettvariante mit ihrer rutschfesten Oberfläche ist superpraktisch. Wie du dafür die Etiketten problemlos von Flaschen ablösen kannst, lernst du hier mit meinem Trick.

TABLETT MIT ETIKETTEN-COLLAGE

Material

- abgelöste Etiketten, siehe Beschreibung rechts
- Sperrholzplatte im Wunschmaß, 8 mm dick
- Kantholzleiste, 8 mm stark
- Holzleim
- Möbelfarbe in Reinweiß
- Acryl-Gel, matt
- Kartonstreifen oder Spachtel
- Pinsel

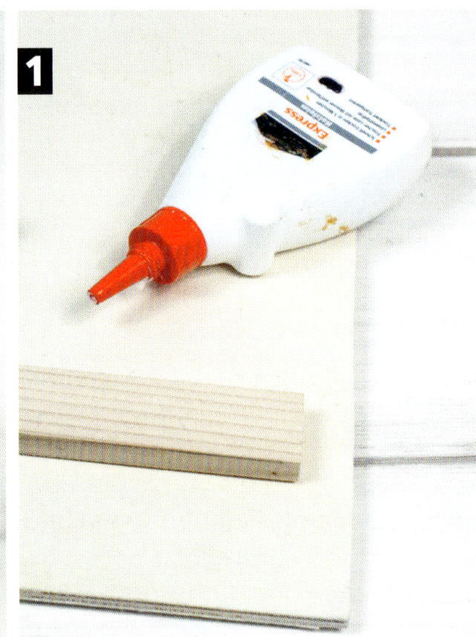

So wird's gemacht

1. Die Leisten in zwei Stücke schneiden, die etwas kürzer sind als die Breite des Sperrholzbretts. Mit Holzleim werden sie parallel und vom Rand nach innen versetz aufgeleimt, so lässt sich das Tablett später mühelos greifen.

2. Mit Möbelfarbe die Oberseite, Unterseite und die Kanten streichen. Gut trocknen lassen. Dann die Etiketten anordnen und mit Acryl-Gel aufkleben. Nach dem Trocknen die Zwischenräume mit dem Gel ausspachteln, dazu einen Pappstreifen oder Spachtel verwenden.

FLASCHENETIKETTEN ABLÖSEN

Material

- Flaschen mit Etiketten
- Adhäsions-Fensterfolie, flexibel und transparent
- Acryl-Gel, matt
- Kartonstreifen
- Cutter oder Schere
- Flachpinsel

So wird's gemacht

1. Die Adhäsions-Fensterfolie mitsamt dem Trägerpapier so zuschneiden, dass sie etwas größer als das ausgewählte Flaschenetikett ist.

2. Mit dem Pinsel das Acryl-Gel auf das Etikett auftragen. Dann die Folie abziehen und auflegen. Mit dem Kartonstreifen das überschüssige Gel herausstreichen und alles mehrere Tage trocknen lassen. Du erkennst unter der Folie den weißlichen Schimmer des Gels, wenn dieses noch Feuchtigkeit enthält.

HINWEIS: ***Unter der Folie kann die Luft nur langsam die Feuchtigkeit aus dem Gel herausziehen. Schneide nach zwei Tagen den Folienrand rings um das Etikett mit dem Cutter ab, dann geht es nur noch etwa zwei weitere Tage, bis das Gel das Papier angenommen hat.***

3. Nach völligem Austrocknen der Gelschicht, kann die Folie vorsichtig abgezogen werden.

GEWÜRZMÜHLEN

IM KAKTUS-LOOK

Da mich die Formen der Gewürzmühlen stark an Kakteen erinnern, bekommen sie Arme und einen neuen Anstrich. Im coolen Look erfüllen sie jetzt gleich zwei Aufgaben: Sie mahlen fleißig Gewürze und sehen dabei noch richtig klasse aus.

Material

- Gewürzmühlen aus Holz
- Holzreste oder Modelliermasse
- Montageklebstoff
- Acrylfarbe in Grüntönen und Weiß
- Klarlack, schadstofffrei
- Bleistift
- Stich- oder Laubsäge
- Schleifpapier oder Rotations-Schleifwerkzeug
- Flachpinsel, weich

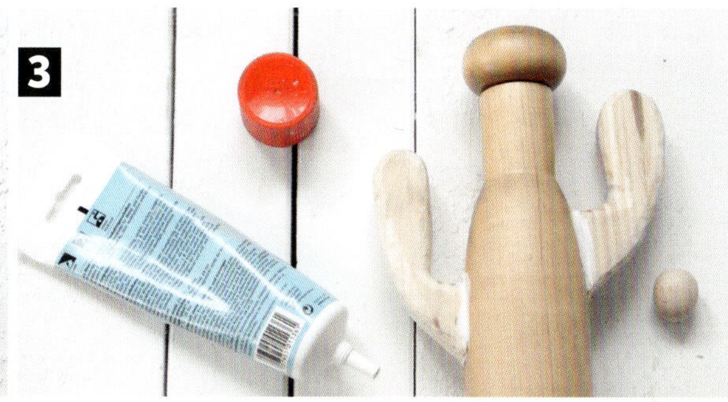

So wird's gemacht

1. Die Arme des Kaktus auf den Holzstücken mit Bleistift freihändig anzeichnen. Dazu das Holz neben die Gewürzmühle halten und die Ansatzstelle mitsamt der Krümmung skizzieren.

2. Die gezeichneten Holzformen mit der Stich- oder Laubsäge ausarbeiten. Die Kanten intensiv glätten, sodass eine annähernd runde Form entsteht. Hierfür zunächst grobes Schleifpapier, dann feineres zum Glätten oder aber ggf. ein Rotations-Schleifwerkzeug einsetzen.

DU BIST KEIN HOLZWURM? ***Als Alternative zu den ausgesägten Holzformen kann man diese auch aus Modelliermasse herstellen. Auch gedrechselte Kugeln und Holzeier aus dem Hobbyfachhandel können ergänzend oder wahlweise z.B. als Blüten montiert werden.***

3. Die gesamte Oberfläche der Gewürzmühle mit Schleifpapier anrauen und die Stellen, an denen die Arme angesetzt werden, nochmals intensiv anschleifen, um alte Lackreste zu entfernen. So wird das Holz aufnahmefähig für den Klebstoff und den neuen Anstrich. Dann die Kaktusarme mit ausreichender Menge Montageklebstoff anfügen und gut trocknen lassen.

4. Nun mit der Acrylfarbe ganz nach Belieben den Kaktus grün anmalen und beispielsweise kleine weiße Tupfen auftragen.

5. Zum Schluss den Kaktus mit Klarlack überziehen.

PINSELUTENSILO

IN BETON-OPTIK

Beton ist ein zeitloser Werkstoff. Da sich manche Projekte nur schwer aus echtem Beton gießen lassen, greift der Kreative gerne zur Effektpaste. Damit der massive Effekt optisch auch gelingt, habe ich diese Röhren doppelwandig konstruiert.

Material

- Pappröhren in verschiedenen Größen
- Hartschaumplatte
- Beton-Effektpaste
- Heißkleber
- Holzspachtel
- Schere oder Cutter

So wird's gemacht

1. Jeweils zwei der Papprollen zusammen ergeben eine Betonform. Sie müssen also ineinanderpassen und ungefähr die gleiche Höhe haben oder darauf zugeschnitten werden. Der untere und obere Zwischenraum wird durch einen Hartschaumring verschlossen. Dafür schneidest du aus dem Hartschaumblock eine etwa 1cm dicke Scheibe in der ungefähren Größe des Durchmessers aus. Zunächst die größere Pappröhre senkrecht in den Schaum drücken, ähnlich wie beim Ausstechen von Plätzchen.

2. Dann die innere Pappröhre in die Mitte des ausgestochenen Kreises drücken, so entsteht eine exakt passende Füllung. Stecke die beiden Röhren mit dem Schaumring zusammen und klebe sie an. Fertige je zwei Ringe pro Betonform an.

3. Sind alle Röhrenelemente fertig, kann mit der Beton-Effektpaste begonnen werde. Diese in zwei Schritten flächig aufspachteln: Bearbeite zunächst nur den oberen Teil der Form und halte sie unten fest. Der untere Teil wird dann nach dem Aushärten der Effektpaste bearbeitet.

TIPP: ***Beton-Effektpasten gibt es in unterschiedlichsten Grautönen. Oft ist es schwer, den richtigen Ton zu finden, jedoch ist Mischen der Pasten untereinander erlaubt. Achtung: Der Grauton dunkelt beim Trocknen nach!***

4. Die einzelnen Elemente dann zu einem harmonischen Ensemble zusammenfügen. Hohe Röhren finden eher hinten Platz, kleinere Elemente vorn.

LUSTIGE VASEN

FÜR KAKTUS-FREUNDE

Mein kleiner grüner Kaktus steht drinnen auf dem Fensterbrett und manchmal hat er echte rote Blüten. Ein lustiges Geschenk, nicht nur für Kakteensammler.

Material

- Glaskaraffe oder bauchige Flasche
- 2–3 Glasgefäße, kugelig oder tropfenförmig
- plastischer 2K-Klebstoff (Reparaturknete)
- Grundierung für glatte Oberflächen
- Farbspray in Grün
- Acrylfarbe in Hellgrün
- Pinsel
- Zeitungspapier als Unterlage

So wird's gemacht

1. Zunächst aus den gesammelten Gefäßen eine passende Kombination konstruieren, die zusammen eine Kaktusform ergibt. Da das Motiv stark von der Farbgebung abhängt, muss man sich die Konstruktion jeweils in Grün vorstellen. Umgedrehte Karaffen können einen guten Grundaufbau darstellen.

2. Die Oberflächen, besonders an den geplanten Klebestellen gut entfetten. Dann den 2K-Klebstoff nach Angaben des Herstellers durchkneten und in Portionen aufteilen. Je größer und schwerer das anzuklebende Teil, desto mehr Klebstoff benötigt man. Wichtig ist, dass der Klebstoff beim Andrücken auf allen Seiten leicht herausquillt. Die Wulst dann einfach etwas glatt streichen.

3. Nach Aushärten des Klebstoffs kann die Grundierung aufgetragen werden. In diesem Fall wurde ein Spray verwendet.

4. Anschließend die grüne Grundfarbe aufsprühen. Die Farbe trocknen lassen.

5. Zur Verzierung einige Reihen von Punkten oder Strichen in einem helleren Grünton auftupfen. Der Sockel kann je nach Geschmack wie ein Pflanztopf wirken, setzt man ihn ebenfalls in einer anderen Farbnuance ab.

6. Etwas Wasser in die Gefäße geben und kurze Blumen einstellen. Schließen die Blüten direkt mit dem Gefäßrand ab, wirken sie wie Blüten des Kaktus. Die Kaktusvasen bitte nur von Hand reinigen, da die Spülmaschine der Bemalung schaden könnte.

LAGERFEUER
IM GLAS

Dieses Windlicht lässt die Herzen von Lagerfeuer-Romantikern höher schlagen. Denkbar einfach umzusetzen, ist diese Idee auch in größerer Anzahl als Tischdekoration für die Gartenparty umsetzbar.

Material

- Aststücke, 8 bis 10 cm lang, trocken
- Kerzenglas, konisch
- Kugelgkerze, gelb
- Silikonklebstoff
- Messer
- Hammer
- ggf. Arbeitshandschuhe

2

So wird's gemacht

1. Die Aststücke mit Messer und Hammer auf einer geeigneten Unterlage in Mini-Scheite zerteilen. Bei fehlender Erfahrung mit Holzspalten, so lustig das klingen mag, bitte Arbeitshandschuhe tragen.

2. Das Glas auf der Arbeitsfläche platzieren und die erste Lage der Holzstücke rundherum drapieren. Bei der zweiten Lage kommt der Silikonklebstoff zum Einsatz. Stück für Stück das Holz anlegen, die Kontaktpunkte zu den unteren Scheiten merken und dort den Kleber punktuell auftragen.

3. So alle Hölzchen zu einem schönen, symbolischen Lagerfeuer zusammenstellen. Dann die Kerze hineinstellen und vom letzten Lagerfeuer-Singen träumen!

BESTECKHALTER

À LA KAKTUS

Noch mehr Kaktus gefällig? Lustig ist hier der Effekt, dass die Bestecke optisch die Stacheln bilden. Achtung: Die Halterung funktioniert nur mit Bestecken aus Metall, das auf Magneten reagiert! Aluminium gehört nicht dazu.

Material

- Leimholzbrett, Fichte
- Kohlepapier
- Acrylfarbe in Grün
- Magnete für Schranktüren, ca. 16 Stück
- Schrauben
- Besteck aus Eisen oder Stahl
- Holzleim
- Acrylmarker in Weiß
- Klarlack
- Säge
- Schleifpapier
- Akkuschrauber
- Vorlage Kaktus (VB 1)

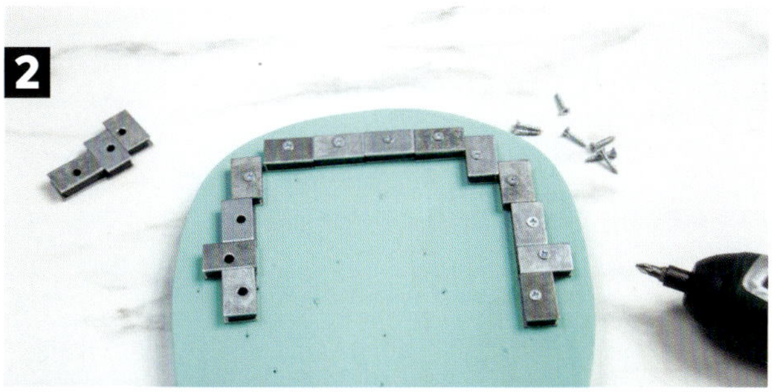

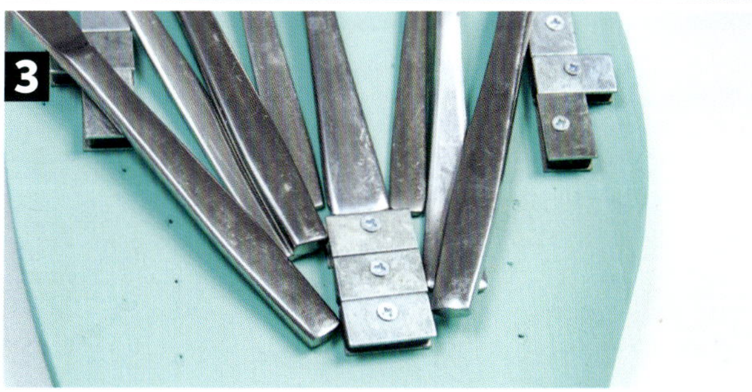

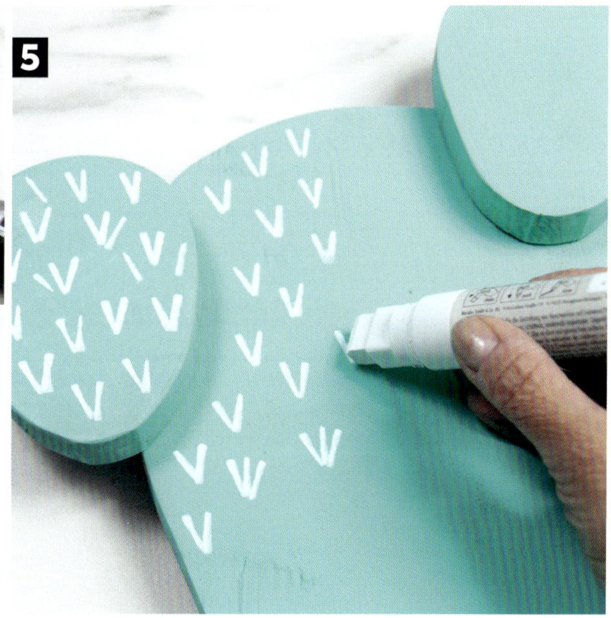

So wird's gemacht

1. Die drei Formen des Kaktus gemäß der Vorlage mittels Kohlepapier auf das Holzbrett übertragen und aussägen, den kleinsten Kreis zweimal aussägen. Die Kanten glatt schleifen. Dann die Acrylfarbe ohne Grundierung auftragen und trocknen lassen.

2. Zunächst die Schrank-Magnete auf der Rückseite der größten Form ringsherum anordnen, du wirst gleich merken, wie die Magnete durch ihre Anziehungskraft zueinander platziert werden können. Die Schrauben durch die Mittellöcher stecken und die Magnete anschrauben.

3. Zur Probe die magnetischen Besteckteile am Magnetkreis anlegen und mittig ausrichten. Dort, wo die Griffe sich treffen, müssen zur Stabilisierung noch mehrere Magnete angebracht werden.

4. Die zwei kleinen Kaktusteile am Korpus festleimen, trocknen lassen. Dann die Standfläche mittels Holzleim unter dem Kaktusmotiv befestigen. Aufgrund der geringen Belastung kann hier auf die Verwendung von Holzdübeln verzichtet werden. Wichtig ist in diesem Fall, dass Klebeflächen nicht mit Farbe bestrichen wurden.

5. Die Gestaltung der Frontseite ist mit dem Acrylmarker besonders einfach, da man mit der breiten Malspitze die Stacheln des Kaktus ganz leicht aufdrucken kann.

6. Bei Gebrauchsgegenständen hat es sich als sinnvoll erwiesen, Klarlack als Schlussanstrich zu verwenden, damit sich das Objekt besser gegen Verschmutzung schützen lässt.

FOTOPINNWAND

IM MARITIMEN STIL

Dieses Motiv ist auch ohne beeindruckende künstlerische Fähigkeiten umsetzbar, da die Sandpaste den Strand und die verdünnte Farbe den Himmel quasi von alleine zaubern. Der Clou: Fotos haften daran mit kleinen Magnet-Pins.

Material

- Keilrahmen mit Leinenbespannung
- Malerkrepp-Klebeband
- flüssige Acrylfarbe in Blau
- pastose Acrylfarbe in Beige
- Sand
- Kartonstreifen
- Pinselstift in Schwarz
- feuchter Schwamm
- Unterlegscheiben
- Flüssigklebstoff
- Magnete

So wird's gemacht

1. Den Keilrahmen legst du quer vor dich und klebst die Horizontlinie mit Malerkrepp-Klebeband ab. Dann den oberen Bereich mit dem Schwamm gut befeuchten und die flüssige Acrylfarbe aufsprühen oder aufträufeln. Dann die Farbe mit dem Schwamm in waagerechten Bewegungen verteilen.

2. Etwas Sand mit Acrylfarbe in Beige vermischen und vorsichtig mit Wasser verdünnen, bis eine spachtelfähige Masse entstanden ist. Einen Kartonstreifen falten, bis er stabil genug ist, und damit die Sandmasse im unteren Bereich des Bildes verteilen. Das Bild trocknen lassen.

3. Das Klebeband abziehen, eine weiße Linie wird sichtbar. Sie wirkt wie ein stark reflektierender Wasserspiegel. Je nach Lust und Laune kann man diesen natürlich auch in Blau gestalten. Mit dem Pinselstift in Schönschrift einen Schriftzug in den Himmel zeichnen.

TIPP: ***Um die Laufweite einer Schrift genau auf Rahmengröße anzupassen, diese zunächst auf einem ebenso langen Stück Papier ausprobieren und zur Orientierung etwas versetzt auf den Malgrund legen.***

4. Um auf der Vorderseite Fotos mit Magneten fixieren zu können, sind auf der Rückseite Eisenteile nötig. Damit dem Kunstwerk nicht zu viel Gewicht gegeben wird, einfach viele Unterlegscheiben über die ganze Fläche verteilen und mit Klebstoff befestigen.

SERVIERGLOCKEN

AUS KERAMIKELEMENTEN

Einzelstücke der Marke DIY-Design kommen immer gut an. Diese Servierglocken sind an heißen Tagen superpraktisch, um Insekten von Leckerbissen fernzuhalten, aber auch um Snacks spannend zu servieren.

Material

- verschiedene Teller, Müslischalen, Untertassen aus Keramik oder Glas
- Eierbecher, Soßenschälchen oder Keramikgriffe
- Zweikomponentenklebstoff für Keramik & Glas
- Porzellanfarben, flüssig oder als Marker
- ggf. Pinsel, weich

1

HINWEIS: ***Es gibt Keramikfarben, die im Ofen eingebrannt werden müssen, andere sind nach einer gewissen Trocknungszeit selbstfixierend. Je nach dem dir vorliegenden Produkt wählst du dann die Reihenfolge zwischen Schritt 3 und 4. Zweikomponentenklebstoffe sind in der Regel hitzebeständig bis 100 °C, bitte Packungsaufschrift beachten.***

So wird's gemacht

1. Es müssen jeweils zwei Porzellanstücke zueinanderpassen, wobei eines das Gefäß bildet und das andere den Deckel. Probiere so lange aus, bis das Ergebnis gefällt. Dabei auch mit unterschiedlichen Griffen variieren und Dessins kombinieren.

2. Gefällt die Anordnung, muss die Klebestelle zwischen Griff und Deckel gut gereinigt und entfettet werden. Danach den Zweikomponentenklebstoff nach Angaben des Herstellers anrühren.

3. Den Klebstoff zügig auf den unteren Rand des Griffs auftragen und sofort auf die gewünschte Stelle am Deckel drücken.

TIPP: ***Sollte der Klebstoff zu flüssig sein, um auf dem Rand zu verbleiben, lasse ihn eher nach innen laufen und hebe nach Kontakt das Stück noch einige Mal kurz an. So kann der Klebstoff an die gewünschte Stelle gebracht werden.***

4. Vor dem Bemalen der Oberfläche muss diese ebenfalls von Staub und Fett befreit worden sein. Nach eigenen Ideen die Verzierungen mit dem Pinsel oder einem Keramikmarker aufmalen, trocknen lassen und anschließend nach Angaben des Herstellers wenn nötig im Ofen fixieren.

HINWEIS: ***Einige Keramikfarben sind nach der Fixierung lebensmittelecht, andere nicht. Schaue auf dem vorliegenden Produkt nach einem entsprechenden Hinweis und beschränke gegebenenfalls die Bemalung nur auf den Deckel der Servierglocke.***

LED-LEUCHTE

ALS GLÜHBIRNE

Wellkarton ist ein herrliches Material. Seine Struktur macht ihn stark und flexibel zugleich. Die spezielle Effektfolie zaubert dreidimensionale Sternchen auf die Glühbirne.

Material

- Wellpappe oder Wellkarton, ca. DIN A3
- LED-Lichterkette oder LED-Lichtband
- 3D-Effektfolie mit Sternchen
- doppelseitiges Klebeband, schmal
- Heißkleber
- Bleistift
- Lineal
- Schere oder Cutter und Schneidematte
- Vorlage Glühbirne (VB 1)

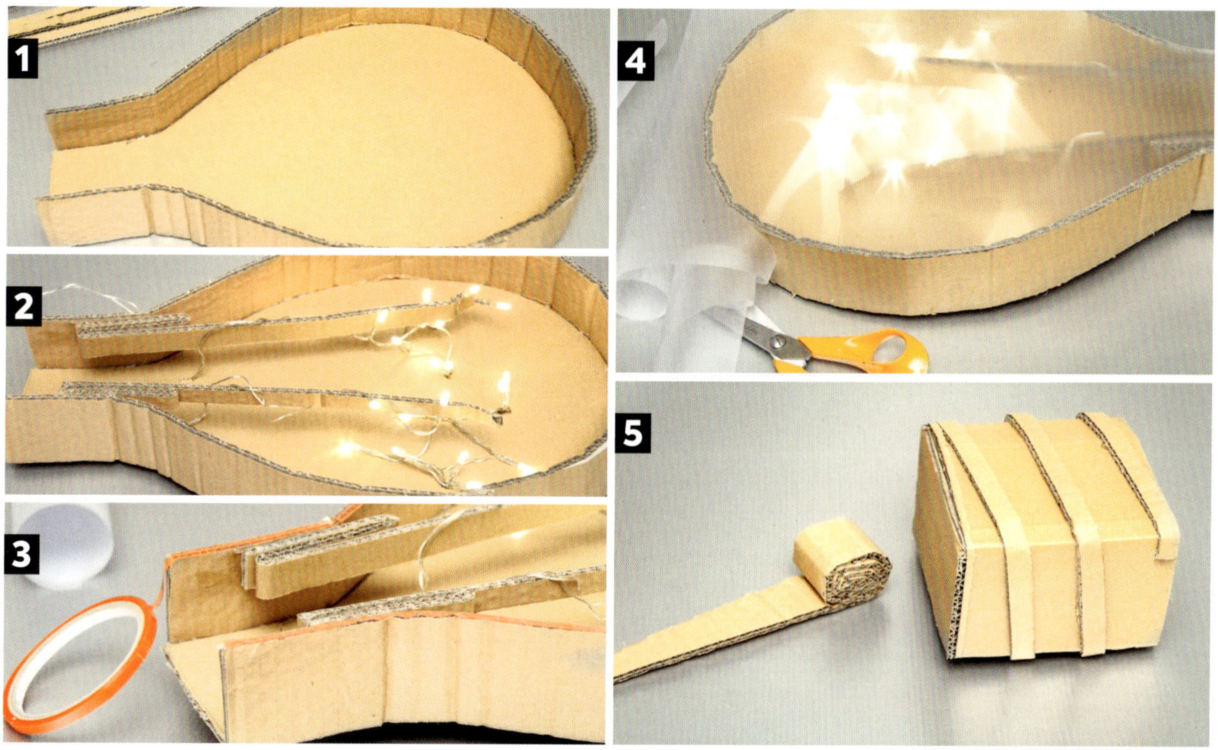

So wird's gemacht

1. Die Grundform der Glühbirne auf den Wellkarton oder die Wellpappe übertragen und ausschneiden. Einen ca. 10 cm breiten Rand zuschneiden, der einmal um die Birnenform herumreicht und Kante auf Kante um die Form kleben.

2. Den Glühdraht aus Pappstreifen gestalten: Durch mehrmaliges Umknicken der Enden entsteht beidseitig eine Brücke zum Korpus, diese innen festkleben. Die Lichterkette oder das LED-Lichtband um die Glühdrähte wickeln. Haben die Lämpchen unterschiedliche Abstände zur Oberfläche, entsteht später ein tiefes Hologramm.

3. Entlang der offenen Kante das Klebeband anlegen. Bei schmalem Kartonrand ist eine nach und nach aufgetragene Spur von Heißkleber sinnvoll.

4. In beiden Fällen anschließend die Folie glatt aufziehen und an den Kanten entlang abschneiden.

5. Zur Gestaltung der Fassung eine schachtelförmige Form aus Wellkarton oder -pappe anpassen, die um den Sockel der Birne passt. Schmale Streifen in schräger Anordnung deuten das Gewinde an, ein schräg gewickeltes Stück Wellpappe oder -karton rundet den Sockel optisch ab. Den Sockel auf die Birne schieben und mit Heißkleber fixieren.

SCHLÜSSELBORD

AUS WELLKARTON

Wellpappe von Verpackungen besteht im Gegensatz zu Wellkarton aus vielen Papierschichten. Diese Eigenschaft macht den Werkstoff interessant für massive Konstruktionen. Ein einfaches Projekt zum Anfreunden mit dem Werkstoff ist dieses Schlüsselbord.

Material

- Wellpappe
- Leim
- Acrylfarbe in Silber-Metallic, deckend
- 2 lange Nägel
- Cutter und Schneidematte
- Lineal, schnittfest
- Spachtel oder Pinsel
- Hammer

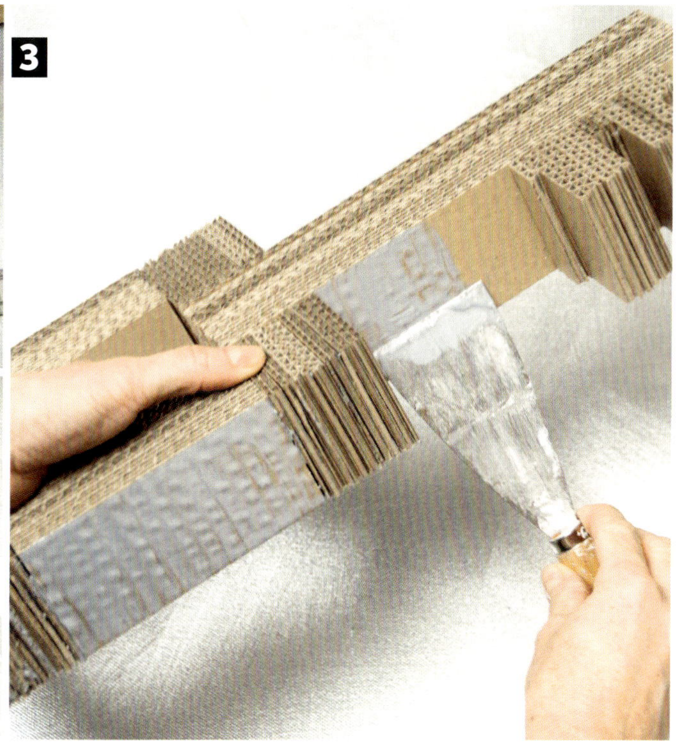

So wird's gemacht

1. Für ein Schlüsselmotiv in der Länge von ca. 43 cm ist eine Streifenbreite von 6 cm passend. Zunächst Streifen zuschneiden, dabei immer quer zur Wellenstruktur schneiden, da sich so ein glatter Schnitt ausführen lässt. Dann die Streifen auf folgende Maße kürzen: 6 cm, 12 cm, 18 cm und 24 cm. Die Anzahl der jeweiligen Zuschnitte richtet sich nach der Stärke des verwendeten Kartons. Orientiere dich dabei an den Fotos.

2. Die Streifen dann nach und nach zu dicken Blöcken zusammenleimen, es entstehen einzelne Bauelemente. Aus kürzeren Reststücken den Bart des Schlüssels gestalten. Dann werden alle Teile miteinander zu einer Schlüsselform verleimt.

3. Die glatten Flächen mit Farbe gestalten. Für einen besonderen Struktureffekt der Metallicfarbe wird diese mit einem Spachtelwerkzeug aufgetragen. Gut trocknen lassen.

4. Zur Befestigung werden zwei lange Nägel durch zwei massive Stellen der Konstruktion hindurchgeschlagen und vorsichtig bis zur Pappoberfläche in der Wand versenkt.

STELLORDNER

IM LANDKARTENGEWAND

Im Zeitalter der Navigationssysteme werden Landkarten im Alltagsgebrauch fast überflüssig. Zum Wegwerfen sind sie allerdings viel zu schade, denn ihre Beschaffenheit ist robust, kratzfest und schmutzabweisend. Ideal also fürs Büro.

Material

- Stellordner aus Holz
- alte Landkarte
- Collageklebstoff oder Kaschierleim
- ggf. Klarlack
- Cutter und Schneidematte
- Pinsel
- Rakel oder flache Leiste
- Schere

So wird's gemacht

1. Den ausgewählten Ausschnitt der Weltkarte grob zuschneiden. Der Ordner dient dabei als Schablone. Bitte darauf achten, dass der Norden der Karte auch auf dem Ausschnitt oben bleibt. Zutnächst zwei Seitenteile zuschneiden.

2. Den Leim mit dem Pinsel auf der entsprechenden Fläche des Stellordners gleichmäßig auftragen. Da unbehandeltes Holz stark saugt, bitte eher großzügig arbeiten. Den Kartenausschnitt auflegen und mit einem Rakelwerkzeug das Papier von innen nach außen glatt streichen. Dabei den heraustretenden Leim an den Seiten entfernen.

3. Nach dem Trocknen die Kanten oben und unten sauber abschneiden, an den Seiten jedoch zu Front und Rücken über die Kante knicken und anleimen.

4. Sind beide Seitenflächen kaschiert, wird die Front und der Rücken ebenso mit Kartenteilen beklebt. Dafür ebenfalls Kartenausschnitte in entsprechender Größe zuschneiden. Das Loch nach dem Ankleben und Trocknen vorsichtig frei schneiden.

TIPP: ***Der fertige Ordner kann nach Wunsch auch mit Aufschriften bemalt oder mit Ländernamen beschriftet werden. Da Landkarten aus robusten Papier bestehen und mit gut haltbarer Farbe bedruckt sind, ist ein Anstrich mit Klarlack nicht zwingend nötig, jedoch wahlweise möglich.***

HOCKER

AUS BLECHEIMERN

Wie auf einer Almhütte eingekehrt fühlt man sich beim Anblick dieser Hocker. Sie sind klein, brauchen wenig Platz und bieten bei viel Besuch vorübergehend Sitzgelegenheit.

Material

- Blecheimer, verzinkt
- Kartonstreifen
- Kantholzleiste, rechteckig oder quadratisch, ca. 5cm stark, 2,40m lang
- 8 Gewindeschrauben mit flachem Kopf, M6, Länge = Holzstärke
- 2 passende Muttern
- 8 passende Unterlegscheiben
- Flach- oder Kombizange
- Lineal oder Klappmaß
- Hand- oder Stichsäge
- Bohrschrauber mit Metall- und Holzbohrer
- Pinsel und Farbe

So wird's gemacht

1. An vier Stellen die Börtelung des Eimerrands mit einer Flachzange glätten, damit die Hockerbeine später daran anliegen können. Um die Schrägung des Eimermantels zu ermitteln, einen Kartonstreifen mittig der Länge nach knicken, so wird er stabil. Dann am Eimer anlegen und mit einem Lineal oder Klappmaß die Gerade des Rands verlängern. Die Schnittfläche mit einer Linie auf dem Karton markieren.

2. An der Linie entlang den Karton abschneiden und als Schablone zum Zuschnitt der oberen und unteren Enden der Hockerbeine benutzen. Die Kantholzleiste in vier gleich lange Teile sägen. Dann alle Enden gemäß der Schablone schräg absägen.

3. Um die richtigen Stellen für die Bohrlöcher anzuzeichnen, eines der Hockerbeine am Eimer anlegen und mit dem Bleistift ein Loch am oberen und eins am unteren Rand markieren. Dann in alle vier Beine die zwei Löcher bohren.

4. Um die Beine anschrauben zu können, mit einem schmalen Pinsel oder Stift etwas Farbe aufnehmen und durch die Bohrlöcher hindurch die Verschraubpunkte auf dem Eimer markieren.

5. Dann mit dem Metallbohrer die beiden Löcher anfertigen und das erste Bein anschrauben. Der Schraubenkopf ist außen sichtbar und die Muttern werden im Inneren des Eimers angebracht. VORSICHT! Beim Bohren entstehen um die Ränder der Bohrlöcher scharfe Kanten. Vorsichtig eine Unterlegscheibe aufsetzen und die Mutter fest anziehen, dann kann nichts passieren.

HINWEIS: ***Bequem werden die Hocker mit kleinen Kissen oder extra dafür genähten Polstern. Dafür eine Holzscheibe in passender Größe aussägen und ein gleich großes Stück Schaumstoff mit Stoff überspannen. Den Stoff an der Unterseite der Holzplatte festnageln oder -tackern.***

KLEINER ORDNUNGSHÜTER

AUS OBSTKISTCHEN

Die Verarbeitung von Obstkisten ist ohne viel Kraftaufwand auch mit einer kleinen Hand- oder Laubsäge umsetzbar. Mit oder ohne Farbanstrich, der Upcycling-Effekt macht einiges her.

Material

- Obstkistchen
- Holzleim
- Holzreste und Leistenstücke
- Acrylfarbe in Grün und Weiß
- Cutter oder Handsäge
- Schneidematte
- Lineal
- Pinsel
- Schleifpapier
- ggf. Bohrer

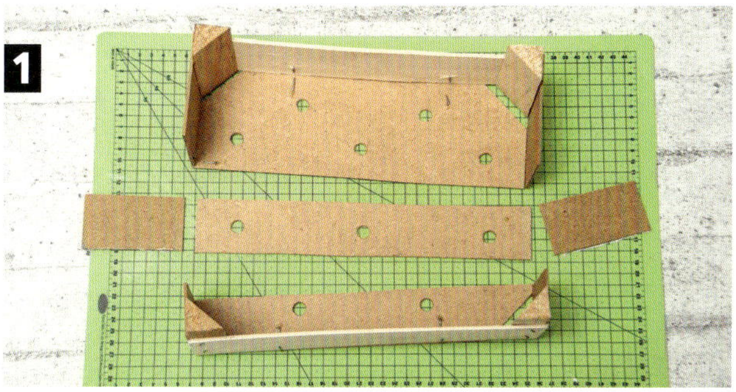

So wird's gemacht

1. Ein kleines Obstkistchen längs mit zwei Schnitten zerteilen. Die linke Längshälfte sollte dabei doppelt so breit sein wie die rechte. Das Bodenstück, welches mittig herausgeschnitten wurde, dient als Rückwand am oberen Regalfach.

2. Das schmalere Teil der Kiste wie auf dem Foto auf dem breiteren Stück platzieren und anleimen.

3. Um die Verbindung zu stabilisieren, Stücke von Holzleisten als Brücke einsetzen. Damit wird die Klebefläche vergrößert.

TIPP: ***Die Umsetzung funktioniert sowohl mit Mandarinenkistchen als auch mit Obstkisten. Beachte, je größer die Konstruktion, desto wichtiger sind diese Klebebrücken aus Holzleisten.***

4. Die Oberfläche der Front- und Seitenteile kannst du jetzt in Weiß streichen oder einfach natürlich belassen. Nach dem Trocknen kann wahlweise eine zweite Farbe aufgetragen werden, hier Hellgrün. Dabei nicht deckend, sondern bewusst unregelmäßig mit dem Pinsel über die Oberfläche streichen. Schleife dann die Farbfläche noch teilweise an, damit wird der Shabby-Effekt verstärkt.

5. Zur Befestigung an der Wand werden die vorhandenen Löcher an der Rückwand verwendet. Sind keine vorhanden, werden dort zwei Löcher gebohrt.

TIPP: ***An der Unterseite des Regals einige Vorhangklammern einhängen und z. B. kleine Sträußchen von Gartenkräutern trocknen.***

HOCKER AUS STAPELBOXEN

MIT KORKLEDER

Handelsübliche Holzboxen werden hier stapelbar gemacht. Sie bekommen tolle Sitzflächen aus Korkleder und verwandeln sich so in praktische und bequeme Sitzgelegenheiten mit Stauraum.

Material

- 3–4 gleiche Holzkisten
- 12 schmale Holzleistenstücke
- Holzleim
- Korkband, 20 mm breit
- Steckschnalle
- Kontaktklebstoff
- 2 Klammern
- Holzbrett, Größe entsprechend der Kisten (Deckel)
- Korkleder
- Füllwatte oder Schaumstoff
- Maßband
- Tacker oder Polsternägel und Hammer
- Schere
- Bleistift

1

2

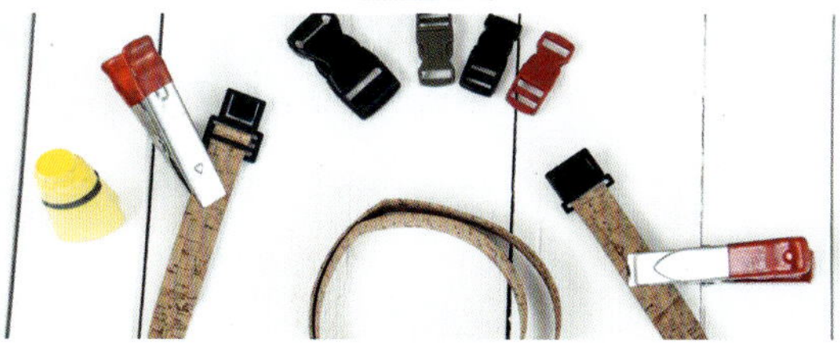

4

So wird's gemacht

1. Die gewünschte Sitzhöhe bestimmt die Anzahl der Holzkisten. An allen Kisten, bis auf der obersten, werden in den vier Ecken Leistenstücke angeleimt, sodass sie im gestapelten Zustand nicht verrutschen können. Befestige die Leisten so, dass sie oben leicht über den Rand stehen und staple anschließend alle Kisten aufeinander.

2. Durch die Greiföffnungen werden die Kisten miteinander verbunden. Nimm ein Maßband, führe es durch die Öffnungen der obersten und untersten Kiste und miss die Länge. Schneide das Korkband in der nötigen Länge zu und rechne noch 20 cm für die beidseitige Befestigung der Steckschnalle hinzu. Die Schnallenteile dann auffädeln, 10 cm Band auf jeder Seite umschlagen und mit Kontaktklebstoff dauerhaft fixieren.

TIPP: ***Kontaktkleben ist hier eine gute Technik. Dazu den Klebstoff beidseitig auftragen, ablüften lassen und die Teile mit Druck verbinden (Angaben des Herstellers auf der Tube beachten). Zum Trocknen mit Klammern fixieren.***

3. Für die Sitzfläche das Korkleder ringsherum mindestens 5 cm größer als das Holzbrett zuschneiden, darauf die auf Brettgröße zugeschnittene Sitzfüllung auflegen und das Brett platzieren. An den schmalen Außenkanten das Korkleder mit Tackernadeln fixieren. Auch Polsternägel sind gut geeignet und können für einen schönen optischen Effekt sorgen. Rundherum das überstehende Korkleder abschneiden.

4. Um das Holzbrett in einen Deckel zu verwandeln, das Innenmaß der Kiste mittig auf dem Brett anzeichnen und an der Zeichenkante nach innen versetzt vier Leistenstücke anleimen.

5. Das Korkband zum Schluss durch die Greiföffnungen der unteren Kiste ziehen, die weiteren Kisten aufsetzen, das Band dann durch die oberste Kiste ziehen und schließen. Den Deckel aufsetzen.

ROLLENDER COUCHTISCH

AUS WEINKISTEN

Beim Weinhändler sind die schönen Burgunder-Kisten aus Holz zu bekommen, manchmal sogar ohne Inhalt. Möbel in diesem Look sind super angesagt. Das Tischlein ist ein prima Stück für Upcycling-Einsteiger.

Material

- 4 Weinkisten, etwa gleich groß
- Holzschrauben
- 2 Holzbretter, Größe entsprechend der Fläche eines Kistenpaars
- Möbellack in Weiß
- 8 Holzklötze
- Holzleim
- 4 Beschläge
- Silikon- oder Montageklebstoff
- 2 T-förmige Metallplatten oder Eisenwinkel
- 4 Rollen
- ggf. Holzleisten
- Akkuschraubbohrer
- Klappmaß
- Säge

So wird's gemacht

1. Die Kisten paarweise anordnen und die beste Kombination herausfinden. Da die Kisten oft nicht exakt symmetrisch sind, müssen Höhenunterschiede ggf. ausgeglichen werden. Dies kann durch Aufleimen von passenden Leisten erzielt werden.

2. Jetzt die Kisten mit Schrauben an den Innenwänden paarweise verbinden.

3. Um einen passgenauen Deckel und eine Bodenplatte aussägen zu können, muss an den Kistenpaaren Maß genommen werden. Entsprechend dem Maß die zwei Holzbretter anpassen.

4. Beide Platten mit Möbellack von allen Seiten streichen und trocknen lassen. Dann ein Kistenpaar auf die Bodenplatte schrauben.

5. Um alle Etagen des Tischs abnehmbar stapeln zu können, nach innen versetzte Holzklötze entweder am unteren Kistenpaar oder am oberen anleimen. Die Boxen stapeln und die Deckelplatte auflegen.

6. Möbelbeschläge aus Aluminium einfach mit Silikon- oder Montageklebstoff auf die Ecken des Deckels kleben. Beim Kauf beachten, dass die Ecken ein wenig über die Holzkante der Tischplatte ragen, so kann diese nicht verrutschen.

7. T-förmige Metallplatten oder Eisenwinkel, die lediglich an der Tischplatte angeschraubt werden, fixieren die Elemente abnehmbar und passen optisch gut zum Stil.

8. Schraube die Rollen mithilfe des Akkuschraubbohrers auf der Unterseite des Tischs an.

TIPP: ***Manch ausrangiertes Möbelstück verfügt über Rollen, die man vor der Entsorgung abschrauben sollte. Auch Möbelrollis, die es preisgünstig zu kaufen gibt, sind mit ausreichend belastbaren Rollen ausgestattet. Hier kann man Geld sparen!***

LAMPENARM

FÜR KLEMMLEUCHTEN

Jede Art von Klemmlampe kann auf diese Weise zur praktischen Schreibtischlampe umgewandelt werden und bleibt trotzdem auch als Klemmleuchte flexibel einsetzbar.

Material

- Klemmlampe mit Leuchtmittel
- 3 Flachleisten, Kiefer, 10 x 29 x 1000 mm
- je 2 Schlossschrauben, 70 mm und 45 mm lang
- 4 passende Flügelmuttern
- 4 Unterlegscheiben
- Holzleim
- Schraubzwinge, einfach
- Handsäge
- Holzbohrer
- Schleifpapier

So wird's gemacht

1. Die drei Leisten in folgende Maße zerteilen bzw. bereits im Handel zusägen lassen: 3 Stücke à 50 cm, 2 Stücke à 40 cm, 5 Stücke à 12 cm, Reststücke = 6 cm und 4 cm. Die Maße sind abwandelbar! Mit dem Bohrer jeweils mittig am Ende jedes Leistenstücks ein Loch für die Schraubverbindung bohren. Die Leistenstücke glatt schleifen.

2. Den Arm nach Konstruktionsvorschlag (siehe Foto) mittels Schlossschrauben, Unterlegscheiben und Flügelmuttern zusammensetzen. Die längeren Schlossschrauben für die dickeren Stellen verwenden.

3. Am oberen Ende des Arms (Y), wo die Lampe angebracht werden soll, wird das 4 cm lange Holzstück zwischen die Leisten geklemmt und dort fest verleimt. Hier dann später die Klemmlampe anbringen.

4. Am unteren Ende des Arms (X), wo die Schraubzwinge angesetzt wird, muss das einzusetzende 6 cm lange Leistenstück etwas verschmälert werden. So kann die Zwinge bequem und rutschfest in die entstandene Kerbe zwischen die beiden Leisten geführt werden.

TIPP: ***Eine kleine Zange in der Schreibtischschublade leistet gute Dienste, wenn die Flügelmuttern für eine gute Spannung von Zeit zu Zeit nachgedreht werden müssen.***

SCHUHBÄNKCHEN

AUS EINEM SCHLITTEN

Es war einmal ein Schlitten aus Holz … Heute steht er im Keller und langweilt sich. Dabei gibt es so viele Dinge, die man daraus bauen kann, beispielsweise dieses schicke Bänkchen.

Material

- Schlitten aus Holz, 100 cm lang
- 2 Holzbretter, 22 cm und 20 cm breit, Länge nach Wunsch
- Holzschrauben
- Schaumstoffplatte 20 cm x Länge der Bretter
- Metalleffektstoff
- doppelseitiges Klebeband
- Schleifpapier
- Metermaß
- Bleistift
- Stich- oder Handsäge
- Akkuschraubbohrer
- Tacker oder Reißnägel

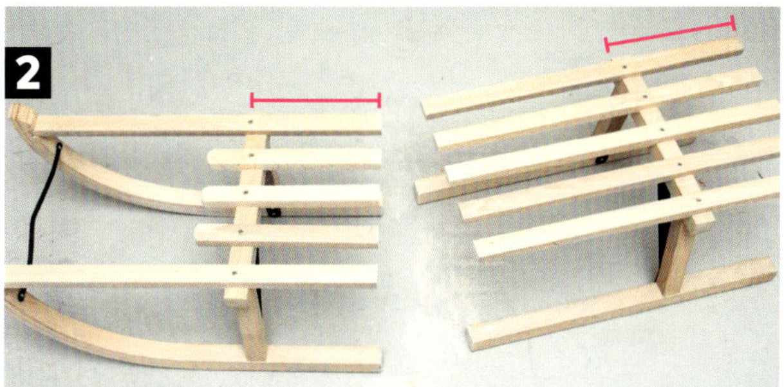

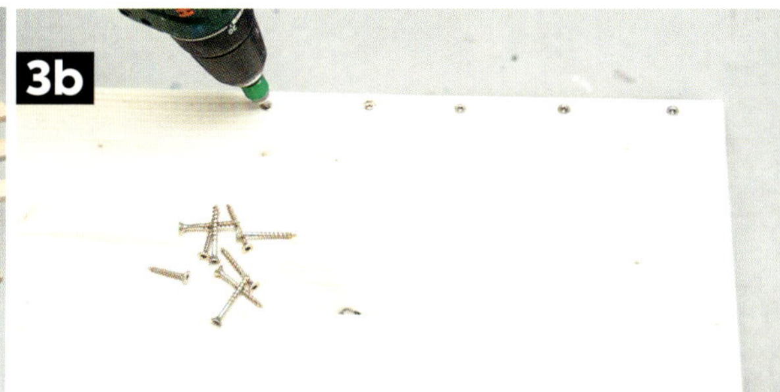

So wird's gemacht

1. Zunächst die Metallkufen des Schlittens abschrauben und entsorgen. Rostspuren auf dem Holz ggf. mit Schleifpapier entfernen.

2. Jetzt wird der Schlitten in zwei Teile gesägt, dabei müssen die beiden Abstände zwischen Querstrebe und Enden der Latten dieselbe Länge haben. Dann die Kanten glatt schleifen.

3. Die beiden Schlittenteile aufstellen und ein passendes Brett – hier 22 cm Breite – auflegen. Dann alle Latten vorbohren, auf dem Brett die Lochpositionen markieren und vorbohren.

4. Am vorderen Teil des Schlittens werden zwei lange Schrauben durch die gebogenen Kufen gedreht. Vorbohren ist wichtig, sonst spaltet sich das schichtverleimte Holz! Beachte, dass die Sitzfläche auf dem Metallbügel aufliegt und die Schrauben lediglich die seitliche Fixierung bilden. Das Brett mit Holzschrauben auf dem Schlitten fixieren.

5. Der Schaumstoff wird nun auf das schmalere Brett gelegt und beides anschließend in den Metalleffektstoff eingeschlagen.

TIPP: ***Es können Reste von Schaumstoff verwertet und lose, aber lückenlos, unter dem Stoff angeordnet werden.***

6. Rückseitig den Stoff mit Tackernadeln oder Reißnägeln auf dem Brett fixieren, dabei gleichmäßig spannen. Das gepolsterte Brett dann von unten mit passenden Schrauben auf dem anderen Brett anbringen. An den Kufen Streifen des Metalleffektstoffs mit doppelseitigem Klebeband befestigen.

BÜROBEDARF
IM BIRKEN-LOOK

Edel und naturverbunden. Diese Schreibtischhelferlein kommen gleich im Rudel daher und bringen Spaß ins Arbeitsumfeld.

Material

- Birkenrinde
- Gefäße, zylindrische Form
- Bindfaden
- Heißkleber
- Bastelkarton in Beige

- Krokodilklemmen
- Draht
- Birkenstämmchen
- Schere oder Cutter und Schneidematte

- Bleistift
- Holzbohrer
- Zange

So wird's gemacht

Utensilo aus Birkenrinde

1. Die Birkenrinde eine Stunde in Wasser einweichen. Dann um die Gefäße legen und mit Bindfaden mehrmals umwickeln und fixieren.

2. Nach dem Trocknen behalten die Rindenstücke ihre Form, die Bindfäden können jetzt entfernt und die Stücke zu Röhren zusammengeklebt werden.

3. Die so entstandenen Zylinder auf den Bastelkarton stellen und den inneren Umfang zweimal nachzeichnen. Dann knapp außerhalb der Linie mit der Schere oder dem Cutter ausschneiden. In einen Kreis mittig einen weiteren kleinen Kreis einzeichnen und ausschneiden.

4. Den Boden und den Ring jeweils oben und unten an den Zylinder ankleben.

Birkenholz-Klemmhalter

5. Die Krokodilklemmen mithilfe der Zange an Drahtstücken befestigen. Eines der Birkenstämmchen anbohren und dort die Drähte einkleben.

Stiftehalter

6. Ein Stämmchen an der Schnittstelle ringsum mit Bohrlöchern von ca. 1cm Durchmesser versehen.

TIPP: ***Birkenstämmchen sind wegen des Trends in vielen Heimwerkermärkten erhältlich.***

UTENSILOBOX

ALS BÜCHERSTAPEL

Die Buchboxen sind fest miteinander verbunden, lassen sich jedoch aufklappen, um Fotos oder Schreibutensilien darin zu verstauen. Eine witzige Überraschung nicht nur für Leseratten.

Material

- 4 verschiedene Pappart-Schachteln in Buchform
- Acrylfarbe in Weiß und Wunschtönen
- Cutter und Schneidematte
- Bleistift
- Pinsel
- Heißkleber

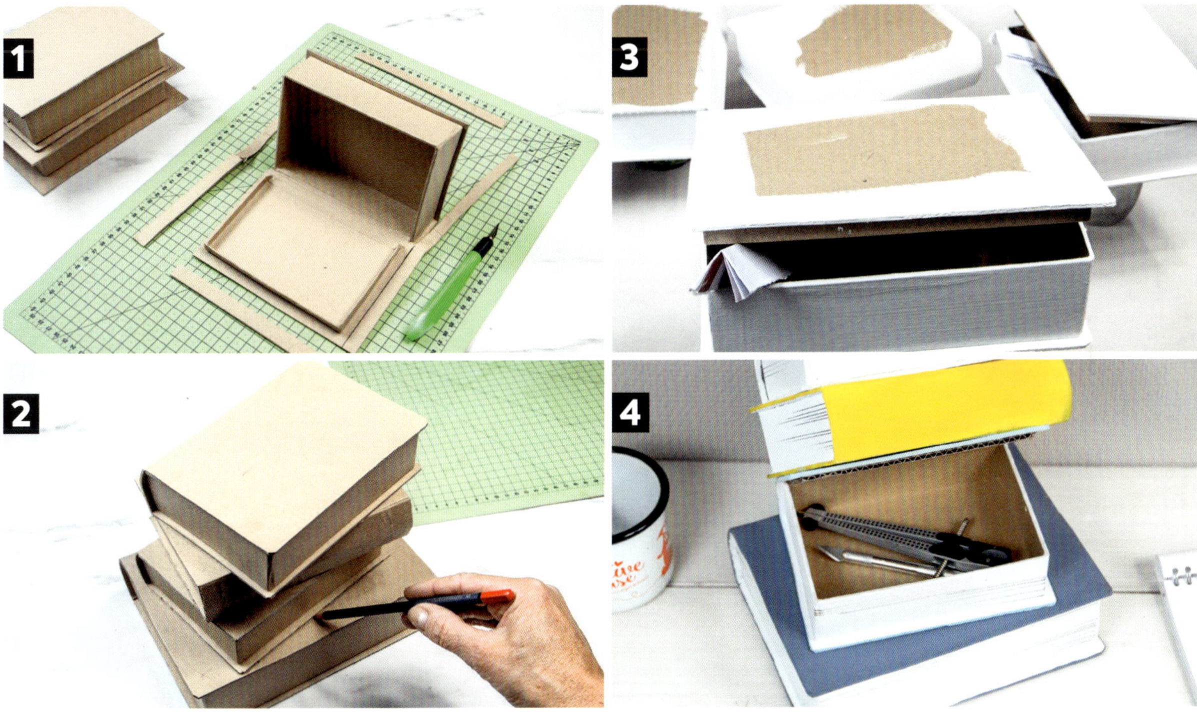

So wird's gemacht

1. Sind die Buchdeckel der Schachteln optisch etwas zu lang, kann man sie mit dem Cutter gleichmäßig zurückschneiden. Da die Pappe sehr dick ist, muss man etwas Kraft aufwenden und mehrmals pro Schnitt mit dem Messer nachschneiden.

2. Die Buchschachteln zur Probe übereinanderstapeln und die Überschneidungskanten mit Bleistift aufzeichnen. So kannst du beim Streichen mit Acrylfarbe die Bereiche der Klebeflächen aussparen, was einen besseren Halt gewährleistet.

TIPP: ***Wie man Buchatrappen selber basteln kann, findest du auf Seite 161.***

3. Zunächst die weiße Farbe auftragen und gut trocknen lassen. Dann in Wunschfarben die Bucheinbände bemalen. Wichtig, beim Trocknen muss der Deckel offen gehalten werden, damit dieser nicht anklebt.

4. Nach Wunsch kann man seitlich ein paar Linien einzeichnen, das simuliert die Buchseiten. Dann alle Teile wieder stapeln und mit Heißkleber verbinden. Der Deckel des oberen Buchs kann zusätzlich mit einem Titel gestaltet werden, die unteren Bücher werden nur am Rücken beschriftet.

KÜCHENHELFER

AUS SCHNITTHOLZ

Schnittholz gibt es in vielen Heimwerkermärkten in der Holzabteilung zu kaufen. Das Besondere daran ist die rustikale Struktur und die naturbelassene Form des Baumstamms.

Material

- Schnittholzbrett, Eiche, 120 x 30cm
- Kantholzleisten, versch. breit, 3 bis 6mm dick
- Holzleim
- Holzöl, lebensmittelecht
- Hand- oder Stichsäge
- Schleifpapier
- 2 Schraubzwingen

3

4

So wird's gemacht

Rustikaler Messerblock

1. Das Brett kann bereits beim Kauf in folgende Längen zersägt werden: 1x 40cm (Schneidebrett) und 4x 20cm (Messerblock). Wer eine Hand- oder Stichsäge hat, kann das zuhause selbst machen. Die Kanten mit Schleifpapier glätten.

2. Die unterschiedlich breiten, jedoch gleich starken Holzleisten in 20cm lange Abschnitte zersägen, dabei sollten diese ca. 1mm kürzer sein.

3. Vier Leisten vertikal in gleichmäßigem Abstand auf das erste 20cm Brett aufleimen und das zweite Brett daraufkleben. Zwei weitere Schichten genauso arbeiten, dabei gerne in den Abständen der Leisten zueinander variieren. So bekommt man unterschiedlich große Fächer für verschiedene Küchenmesser.

4. Zum Trocknen empfiehlt es sich, das ganze Paket einmal auf einer ebenen Fläche abzustellen, um eine glatte Standfläche zu gewährleisten. Dann die Schraubzwingen ansetzen und kräftig anziehen. Den Leim aushärten lassen.

Natürliches Schneidebrett

Das 40cm lange Holzbrett wird mit Schleifpapier gründlich geglättet, dabei von der 80er-Körnung auf immer feineres Schleifpapier zurückgreifen. Ist die Oberfläche glatt genug, wird diese mit etwas Holzöl eingerieben und so widerstandsfähig gemacht.

TIPP: ***Von Zeit zu Zeit das Brett zur Pflege erneut mit Holzöl bearbeiten.***

LAMPENSCHIRM
IM FLECHTKLEID

Inspiriert von der Form einer Fischreuse, verbreitet diese luftige Lampe einen gewissen Fischerhütten-Charme. Die lässig geflochtenen Stränge und die ungleichmäßigen Längen geben dem Geflecht eine verspielte, unbekümmerte Note.

Material

- ca. 100g Peddigrohr, 3mm stark
- Sperrholzplatte, 3mm stark, ca. 20 x 20cm
- Eimer mit warmem Wasser
- Elektrofassung mit Kabelzuleitung
- Zirkel
- Laubsäge
- Schleifpapier
- Bleistift
- Bohrer, 3mm
- Zange

So wird's gemacht

1. Das Peddigrohr für etwa eine Stunde in lauwarmes Wasser einweichen.

2. Auf dem Sperrholz mit dem Zirkel einen Kreis aufzeichnen und aussägen. Dann mittig ein Loch für die Fassung einsägen im Durchmesser 27mm für E14 oder 37mm für E27. Dafür zunächst ein Loch bohren und das Sägeblatt hindurchfädeln, dann erst in die Laubsäge einspannen. Die Kanten glatt schleifen.

3. Dann entlang des äußeren Rands Löcher bohren. Diese zunächst vorzeichnen, eine ungerade Anzahl ist wichtig, die Abstände müssen nicht exakt sein, sollten jedoch mindestens 18mm betragen, damit das Rohr beim Flechten nicht zu sehr gebogen werden muss und bricht.

4. In jedes Loch nun einen beliebig langen Strang Peddigrohr einziehen und dabei das untere Ende lang überstehen lassen.

5. Am besten lässt es sich nun im Sitzen weiterarbeiten. Die Holzplatte zwischen den Knien fixieren und immer wieder drehen. Einen neuen Strang Peddigrohr hernehmen und einweben, dabei ganz typisch vorgehen und immer abwechselnd obendrüber und untendurch fädeln, Anfang und Enden nach innen stecken und stehen lassen. Einige Runden so arbeiten.

6. Nachdem auf diese Weise ein etwa zwei Finger breiter Rand entstanden ist, welcher der Konstruktion Stabilität gibt, kann ein lockeres, unregelmäßiges Maschennetz gewoben werden.

7. Die Fassung und das Leuchtmittel in das Loch des Sperrholzkreises einsetzen. Nach Wunsch die Peddigrohrenden unten zum Bündel schließen.

UMFLOCHTENE GEFÄßE

Die Machart des Geflechts entspricht der des Lampenschirms der vorigen Seite, es wird lediglich einmal auf den Kopf gestellt und ein stabiler Boden hinzugefügt.

WINDLICHTER MIT KORBGEFLECHT

Material

- Einmachglas oder Windlicht
- Kreidefarbe in Mint oder Weiß
- einige Stränge Peddigrohr, 3mm stark
- MDF-Platte, 9mm stark, Größe entsprechend dem Glasboden
- Holzleim
- Flachpinsel
- Eimer mit warmem Wasser
- Laubsäge
- Schleifpapier
- Bleistift
- Bohrer, 3mm
- Zange

So wird's gemacht

1. Die Glasoberfläche gut entfetten und mit der Kreidefarbe zweimal den unteren Teil streichen.

2. Das Peddigrohr für etwa eine Stunde in lauwarmes Wasser legen. Inzwischen die MDF-Platte passend zum Glasgefäß zusägen und schleifen. Ringsherum wird ein fingerbreiter Rand für die Bohrungen benötigt. Bohre eine ungerade Anzahl von Löchern mit ungefähr gleichem Abstand.

3. Das Flechtmaterial aus dem Wasser nehmen und mit der Zange in Stücke schneiden, die über den Glasrand hinaus ragen. Diese dann mit einem Tropfen Leim in die Bohrungen stecken.

4. Flechte einige feste Reihen, bis die Basis stabil ist. Das Glas dabei in der Mitte stehen lassen, das erleichtert die Arbeit.

5. Für den besonderen Look lässt du das Geflecht nach oben hin locker auslaufen und fixierst das letzte Rohrstück locker hinter den Stäben. Jetzt das Geflecht noch anmalen und gut trocknen lassen.

UMGARNTE VASEN

Material

- ca. 100 g Peddigrohr,
- 3 mm stark
- Wasserflasche oder Einmachglas
- Kreidefarbe in Mint
- Sperrholzplatte, 3 mm stark, Größe entprechend der Flasche
- MDF-Platte, 18 mm stark, Größe entsprechend der Flasche
- Holzleim
- Eimer mit warmem Wasser
- Flachpinsel
- Zirkel
- Laubsäge
- Schleifpapier
- Bohrer, 3 mm
- Zange

So wird's gemacht

1. Das Peddigrohr für etwa eine Stunde in lauwarmes Wasser einweichen. Inzwischen das Glasgefäß staub- und fettfrei machen und nach Belieben teilweise oder ganz mit Kreidefarbe streichen.

2. Aus dem Sperrholz einen Kreis aussägen, der dem Durchmesser des Flaschenbodens, beziehungsweise der dicksten Stelle einer bauchigen Flasche entspricht. Denselben Kreis nochmals aus der MDF-Platte zusägen. Die Kanten glatt schleifen.

3. Dann entlang des äußeren Rands des Sperrholzkreises die Löcher bohren, siehe S. 91 Schritt 3.

4. In jedes Loch einen Strang Peddigrohr einziehen, der etwas länger ist als die Flaschenhöhe. Nun reihum weben, wie auf S. 91 Schritt 5 beschrieben. Nach Wunsch weitere Bordüren einweben.

5. Die unten herausragenden Enden mit der Zange abschneiden, die Fläche und besonders die Rohransätze mit Leim betupfen und den Boden aus MDF aufkleben. Dann die Flasche einstellen und ggf. die Rohre oben zusammenraffen.

BILDERRAHMEN

AUS HOLZCHIPS

Weiter geht es mit den natürlichen Puzzleteilen aus der Grillabteilung. Diesmal in schwarz-weißem Muster. Die abwechselnde Anordnung ergibt eine fürs Auge interessante Struktur.

Material

- Bilderrahmen, Material beliebig
- Holzchips (Grillzubehör)
- Acrylfarbe in Schwarz und Weiß
- Silikonklebstoff

- Holzbrett, etwas größer als
- der jeweilige Bilderrahmen
- verdünnte Acrylfarbe oder
- Lasur in Blau oder Schwarz
- Baumwollkordel in Natur

- Schale Wasser
- Flachpinsel
- Küchenpapier
- feuchter Schwamm
- Feile

So wird's gemacht

1. Die Holzchips in Wasser tauchen, dann die Acrylfarbe mit dem Pinsel auftragen. Die Chips zum Trocknen farblich sortiert auf Küchenpapier legen.

2. Die Anordnung auf dem Rahmen ausprobieren, dann Stück für Stück die Holzchips aufkleben. Den Silikonklebstoff aushärten lassen.

TIPP: ***Probieren Sie einfarbige und mehrfarbige Muster aus.***

3. Die zugesägten Bretter mit verdünnter Acrylfarbe oder Lasur streichen. Hierfür kann alternativ zum Pinsel auch ein feuchter Schwamm verwendet werden.

4. Nach dem Trocknen können die mit Bildern dekorierten Rahmen auf den farbigen Holz-Passepartouts festgebunden werden. Seitlich je zwei bis drei Kerben in das Brett feilen oder schneiden, so kann die Baumwollkordel nicht abrutschen.

5. Rückseitig kann wahlweise ein klappbarer Standfuß oder eine Aufhängung angebracht werden.

LICHTZAUBER MIT HOLZCHIPS

Holz als Werkstoff kommt hier mal ganz luftig daher. Wie kleine Schindeln lässt die Oberfläche auch an den bedeckten Stellen etwas Licht hindurchschimmern.

EULEN-WINDLICHT

Material

- Holzchips (Grillzubehör)
- Acrylfarbe in Orange und Schwarz
- Gurkenglas
- Frischhaltefolie
- Marker
- Heißkleber
- Transparentpapier in Orange
- Flachpinsel
- Schale Wasser
- LED-Licht oder -Lichterkette

So wird's gemacht

1. Die Holzchips in Wasser tauchen, mit verdünnter Acrylfarbe orange färben und auf einem Tuch trocknen lassen.

2. Das Glas mit Folie umspannen und darauf die Augenhöhlen mit einem Marker vorzeichnen. Die Linien dann mit den ersten Holzchips kreisförmig überdecken und festkleben. Dann nach außen rosettenförmig weiterarbeiten.

3. Zur Gestaltung des Gesichts einige Holzchips mit schwarzer Farbe betonen. Ein feiner Flachpinsel ist gut geeignet.

4. Das Transparentpapier passend zuschneiden, einrollen und in das Glasgefäß stellen. Mit einem LED-Licht beleuchten.

MODERNES WINDLICHT

Material

- Kerzenglas, zylindrisch
- Frischhaltefolie
- Marker
- Holzchips (Grillzubehör)
- Heißkleber
- Transparentpapier in Orange
- LED-Licht oder -Lichterkette

So wird's gemacht

1. Das Glas mit der Folie umspannen und darauf die Kreise mit einem Marker vorzeichnen. Die Linien dann mit den ersten Holzchips kreisförmig über decken und festkleben. Dann nach außen rosettenförmig weiterarbeiten und die Zwischenräume zwischen den Kreisen mit weiteren Holzchips ausfüllen.

2. Das Transparentpapier passend zuschneiden, einrollen und in das Glasgefäß stellen. Mit LED-Licht beleuchten und sich daran freuen!

TIPP: ***Die stramme Umspannung mit Frischhaltefolie hat nicht nur den Vorteil, dass daran der Heißkleber besser haftet als am glatten Glas, außerdem kann nach einiger Zeit die Dekoration wieder rückstandslos vom Gefäß entfernt werden und es ist für weitere kreative Ideen bereit.***

MOSAIK-SEIFENSCHALE

AUS KNETBETON

Diese Lieblingsstücke sind entstanden, als ich das Material Knetbeton ausprobiert habe. Dabei sind sie bei mir gar nicht alle als Seifenschale im Einsatz, sondern auch als kleine Dekorelemente im Kräutergarten.

Material

- 4 Holzstücke
- alte Fliese
- Küchentuch
- Knetbetonpulver
- Wasser
- Einweghandschuhe
- 2 Schraubzwingen
- Hammer
- Kunststoffgefäß
- Arbeitsunterlage

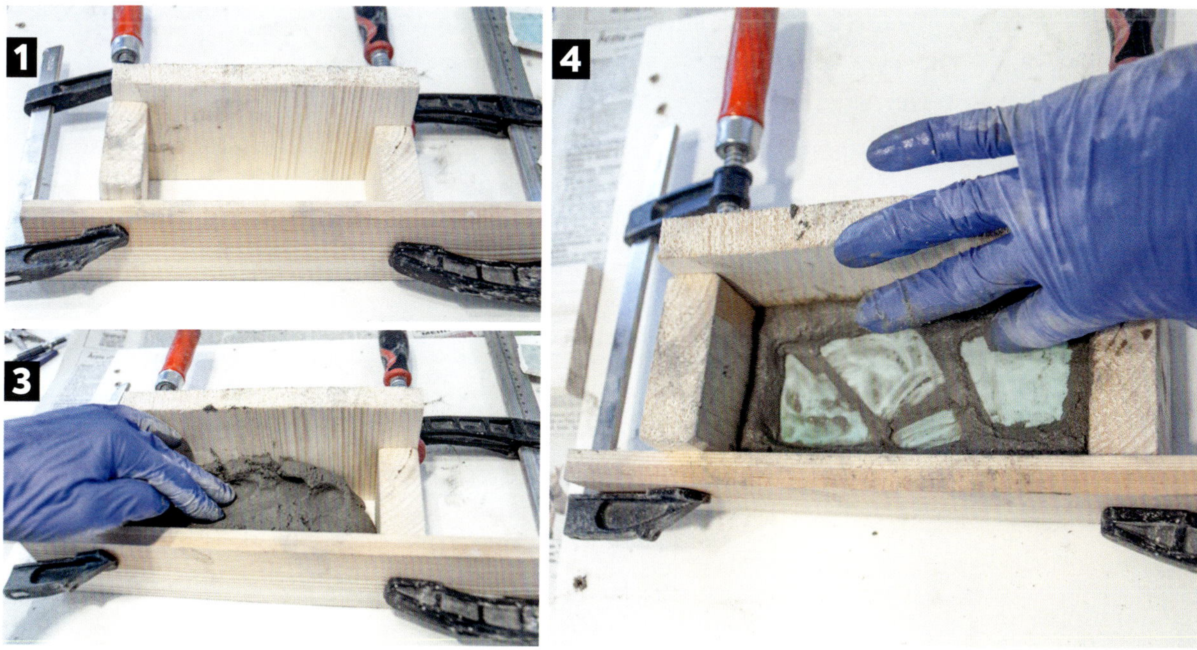

So wird's gemacht

1. Die Holzstücke mit Schraubzwingen zu einem Rahmen verbinden.

2. Die Fliese mit einem Küchentuch abdecken und mit dem Hammer in Stücke zerbrechen. Vorsicht, die Scherben können scharfe Kanten haben!

3. Das Betonpulver mit Wasser in einem Gefäß zu einem stabilen Teig verkneten. Dann die Mischung fest in den Holzrahmen eindrücken. Dabei die unteren Ecken gut ausfüllen. Trage dabei Einweghandschuhe.

4. Die Fliesenscherben in die frische Masse drücken, dabei bildet sich aus dem herausquellenden Beton ein Rand. Die Übergänge zwischen den Kachelstücken und dem Beton mit etwas Wasser verstreichen. Den Betonschleier so gut es geht schon vor dem Aushärten von der Oberfläche der Scherben wischen. Der getrocknete Beton kann später nur noch mechanisch durch Abschaben entfernt werden, wodurch Kratzer entstehen können.

5. Nach einigen Stunden Aushärtezeit (Packungshinweise des Herstellers beachten) kann die Form geöffnet und die Schale entnommen werden.

MENAGE

IN BETON-OPTIK

Die liebsten Gewürze, Öl und Essig passen meistens nicht in eine gekaufte Menage. Deshalb zeige ich dir hier, wie du das praktische Helferlein passend anfertigen kannst. Die Beton-Optik ist zeitlos, kann optional aber auch weggelassen werden.

Material

- Sperrholzplatte, 10 mm stark
- Holzleim
- Beton-Effektpaste
- Einweghandschuh
- Papier
- Bleistift
- Lineal
- Hand- oder Laubsäge
- Spachtel oder Malmesser

So wird's gemacht

1. Die Gegenstände, die später in der Menage aufbewahrt werden sollen, so auf dem Papier platzieren, dass sich eine harmonische und sinnvolle Anordnung ergibt. Mit dem Bleistift das benötigte Rechteck für die Grundfläche vorzeichnen.

2. Die Bodenplatte nach diesem Maß aus dem Sperrholz sägen, zusätzlich zwei Seitenteile, eine Rückwand und eine Verbindungsleiste für die Front.

3. Für den Ausschnitt auf der Rückseite ist es wichtig, dass das kleinste Fläschchen oder der Salzstreuer später nicht herausfallen können. Deshalb alle Teile zusammenlegen und direkt am Objekt das Maß nehmen, vorzeichnen und dann aussägen. Dann alle Bauteile dem Foto entsprechend zuammenleimen.

4. Den Einweghandschuh anziehen und die Betonpaste mit den Fingern auf die Menage auftragen. Anschließend die noch feuchte Paste mit dem Malmesser oder einem Spachtel glätten oder je nach Wunsch Strukturen einarbeiten.

TIPP: ***Beton-Effektpasten gibt es in unterschiedlichsten Grautönen. Oft ist es schwer, den richtigen Ton zu finden, jedoch ist Mischen der Pasten untereinander erlaubt. Achtung: Der Grauton dunkelt beim Trocknen nach!***

TABLETT

IM POP-ART-DESIGN

Das Tablett hatte einige unschöne Gebrauchsspuren, die sich schlecht überstreichen ließen. Also bekam es einen neuen Einlegeboden mit auffälliger Farbgestaltung.

Material

- altes Serviertablett
- Sperrholzplatte, 3mm stark, Größe gemäß Tablettboden
- Bastelkarton, Größe gemäß Tablettboden
- Malerkrepp-Klebeband
- Farbspray, geruchsarm in Lila
- Acrylfarbe in Gelb und Rot
- Marker in Lila
- Klarlack oder transparente Acrylpaste
- Holzleim
- Flachpinsel
- Schleifpapier
- Schere
- Bleistift
- kleiner stumpfer Pinsel
- Vorlage Blüten (VB 1)

So wird's gemacht

1. Die Sperrholzplatte grundierst du mit dem Flachpinsel von beiden Seiten in Weiß und schleifst sie nach dem Trocknen glatt.

2. Schneide schmale Papierstreifen mit der Schere zurecht und streue sie auf das Brett.

3. Übertrage das Blütenmotiv von der Vorlage ca. zehnmal auf den Bastelkarton. Schneide die Motive vorsichtig aus, sodass das Gerüst später als Schablone dienen kann und beklebe die Motive rückseitig mit einem eingerollten Stück Malerkrepp-Klebeband. Klebe die Blüten ebenso auf das Brett, so werden die Grashalme etwas fixiert.

4. Mit Farbspray vorsichtig darübersprühen. Damit die Schnipsel sich nicht verschieben, die Spraydose nicht zu dicht an die Motive halten und den Sprühnebel sanft dosieren.

5. Die Farbe etwas auslüften lassen und die Motive anschließend abnehmen.

6. Die Schablone mit den Blütenumrissen nach dem Trocknen der Sprayfarbe mit einem deutlichen Versatz platzieren und mit dem stumpfen Pinsel die Blüten mit Acrylfarbe austupfen.

7. Dann noch die Blütenstempel mit dem Marker mittig in die Blüten tupfen. Zum Schluss Klarlack oder transparente Acrylpaste auftragen und nach dem Trocknen mit feiner Körnung glatt schmirgeln. Den neuen Boden in das Tablett einlegen und mit Holzleim dauerhaft fixieren. Beim Trocknen mit schweren Gegenständen beschweren, so können Wölbungen der Platte vermieden werden.

3D-WANDSPIEGEL

AUS KACHELN

Die Vorzüge von Wellkarton erweisen sich bei diesem Objekt als besonders tragfähig. Gesammelte Spiegel zeigen durch die unterschiedlich hohe Anordnung einen spannenden Reflektionseffekt.

Material

- Spiegelkacheln in verschiedenen Formaten
- fester Karton
- Wellpappe in Weiß
- Holzleim
- Schichtholzplatte
- Acrylfarbe in Mint oder Grau
- Bleistift
- Cutter und Schneidematte
- Schere
- Hand- oder Laubsäge

So wird's gemacht

1. Jede Spiegelkachel zunächst auf den festen Karton legen, nachzeichnen und je zweimal zuschneiden.

2. Einen Streifen aus Wellpappe zuschneiden. Er muss lang genug sein, um die Form einmal zu umfassen und zusammengeklebt zu werden.

TIPP: ***Am schönsten wird das Arrangement, wenn die Spiegel verschiedene Tiefen aufweisen. Dafür also die Streifen aus Wellpappe in verschiedenen Breiten zuschneiden.***

3. Die erste Pappform an den Wellpappestreifen Kante an Kante ankleben. Dazu etwas Holzleim auf den Rand der Form geben und diesen am Wellpappestreifen ansetzen. Bei Verwendung von Klebstoff mit Trocknungszeit ist es ratsam, die Verbindung mit Klötzchen abzustützen, bis sie hält.

4. Die zweite Pappform ist kniffliger in den Zylinder einzusetzen. Deshalb zunächst den Klebstoff nur an einer Stelle auftragen. Die Schablone einlegen, leicht kippen und den Klebstoff auf den restlichen Rand auftragen und andrücken.

5. Nach dem Aushärten kann der entsprechende Spiegel aufgeklebt werden und je nach Bedarf der überstehende Rand mit einer Schere knapp abgeschnitten werden.

6. Zum Schluss alle 3D-Spiegelelemente anordnen und die Schichtholzplatte in dem entsprechenden Maß zusägen. Streiche die Platte mit der Acrylfarbe in Grau oder Mint und klebe nach dem Trocknen alle Spiegel auf.

TIPP: ***Zum Aufhängen kann die Grundplatte entweder mit Bildaufhängern versehen oder einfach von vorne mit Nägeln an der Wand fixiert werden.***

KERZENLEUCHTER

AUS SISAL-SEIL

Erst auf den zweiten Blick erschließt sich dem Auge die Machart und das Material. Das Sisalseil in ungewohntem Look und mit tragender Rolle.

Material

- Sisalseil, 2,5 m, 16 mm dick
- Heißkleber
- Rundholz, 15–20 cm lang
- 2 Unterlegscheiben
- 2 Schrauben
- Acrylfarbe in Türkis
- Kombizange
- Akkubohrschrauber
- Pinsel

So wird's gemacht

1. Das Seilende mit etwas Heißkleber versiegeln. Dann das Ende so eng es geht einknicken und mit der Zange festhalten. Jetzt nach und nach das Seil wie ein Schneckenhaus einwickeln und stetig mit Klebstoff fixieren.

2. Ist der gewünschte Durchmesser für den Standfuß erreicht, die Spirale nach oben weiterwickeln, bis eine Schalenform entstanden ist. Das Seil kappen, das Ende mit Klebstoff versiegeln. Pro Kerzenständer zwei dieser Schalen anfertigen.

TIPP: ***Um das Heraustropfen des heißen Klebstoffs und damit Verletzungen zu vermeiden, ist es wichtig, immer nur einen kleinen, kontrollierbaren Bereich des Seils zu bearbeiten und die Verbindung so lange festzuhalten, bis der Klebstoff kalt ist. Dies benötigt einige Zeit und Geduld. Trage Schutzhandschuhe, wenn du wenig Erfahrung mit der Heißklebepistole hast.***

3. Jetzt ein neues Seilstück knapp am Ende des Rundholzes ankleben, nach und nach wickeln und ankleben. Dabei darf die Form nach unten etwas dicker werden. Das Ende wieder versiegeln und fixieren.

4. An beiden Enden des Stabs nun einen Kelch ansetzen. Dazu eine Unterlegscheibe im Kelch platzieren und die Schraube möglichst mittig in das Rundholz eindrehen. Dasselbe am anderen Ende des Stabs.

5. Zum Schluss die Oberfläche großzügig mit Acrylfarbe bestreichen und gut trocknen lassen. Kerzen einstellen und nach Belieben saisonal dekorieren.

OBSTSCHALE

AUS BETON UND ÄSTEN

Beton trifft Natur. Eine Mischung, die Harmonie ausstrahlt, Leichtigkeit und Schwere zugleich. Das Obst wird auf dem Geflecht luftig gelagert.

Material

- stabile Kartonage
- Malerkrepp-Klebeband
- etwas Salatöl
- Weiden- oder andere Naturäste, max. 10 mm stark
- Peddigrohr, Stärke nach Wunsch
- Kreativbeton-Pulver
- Filzgleiter für Möbel
- Handsäge
- spitze Schere
- Kunststoffgefäß
- Holzstab

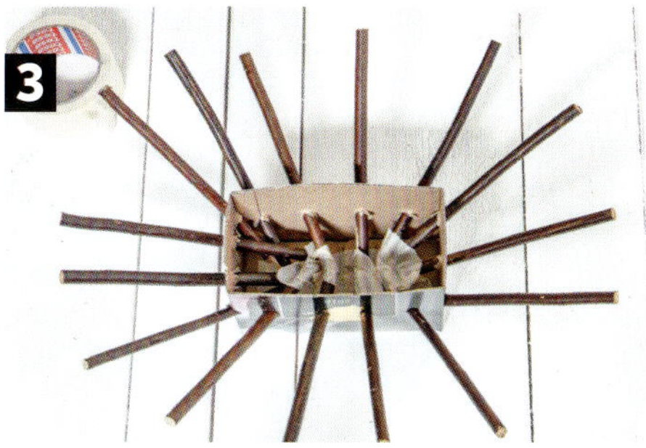

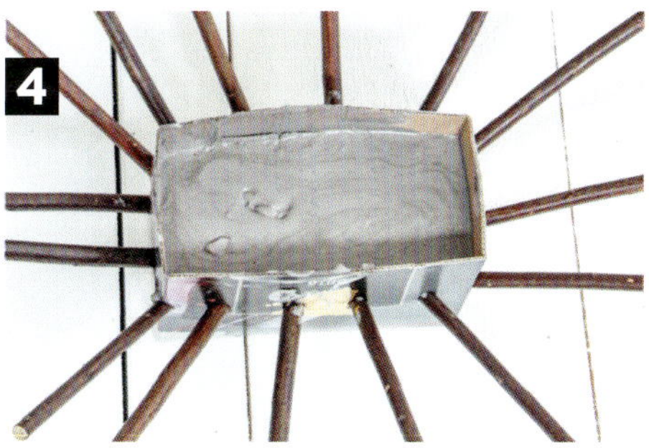

So wird's gemacht

1. Der Karton bildet die Form des zu gießenden Betonklotzes. Diesen also auf eine geeignete Höhe zurechtschneiden und Löcher ggf. mit Malerkrepp-Klebeband abdichten. Die Innenseite des Kartons mit etwas Salatöl befeuchten.

2. Die Naturäste in ungerader Anzahl in ca. 20 cm lange Abschnitte sägen. Entsprechend mit der spitzen Schere Löcher in den Karton stechen und dort die Aststücke von außen einstecken.

3. Mit Kreppstreifen die Enden der Stäbe so ausrichten und in sich fixieren, dass die Form einer Schale ähnelt. An dieser Stelle unbedingt darauf achten, dass genügend Platz zwischen den Stäben bleibt, damit der Beton für Stabilität sorgen kann. Eine zu dichte Anordnung kann sonst später eine Bruchstelle verursachen.

4. Den Beton nach Angaben des Herstellers in einem Kunststoffbehälter gießfähig mischen und in die Form geben. Dabei immer wieder den Karton auf die Tischplatte klopfen, sodass Luft aus dem Hohlraum unter den Ästen entweichen kann.

5. Das Peddigrohr im Waschbecken in ausreichend warmem Wasser einweichen.

6. Nach dem Aushärten des Betons die Gießform entfernen. Jetzt die eingeweichten Stränge aus Peddigrohr um die Äste weben, immer abwechselnd obendrüber und untendurch. Dabei können ein gleichmäßiges Gitter oder (wie hier) durchbrochene Reihen gewoben werden.

7. Zum Schluss noch Filzgleiter zum Schluss unter den Betonquader kleben.

DESIGN-HOCKER

MIT SNAPPAP-KISSEN

Ein schlichter Hocker aus Holz wird zum Designstück veredelt. Die Hauptrolle spielt dabei SnapPap. Mit ein paar Latten und etwas Farbe ist das unscheinbare Ausgangsprodukt kaum wieder zu erkennen.

Material

- Holzplatte, 27 x 27cm
- 4 Kanthölzer, 5 x 5cm, 40cm lang
- 8 Holzdübel
- Holzleim
- Holzbohrer
- Holzleisten, 5m, (oder Bettrost-Latten verwerten)
- 16 Holzschrauben
- Möbellack oder Acrylfarbe in Weiß
- Schaumstoff
- SnapPap, 50 x 50cm
- ca. 20 Polsternägel
- Akkubohrschrauber
- Bleistift
- Hand- oder Elektrosäge
- Pinsel
- Cutter
- Hammer

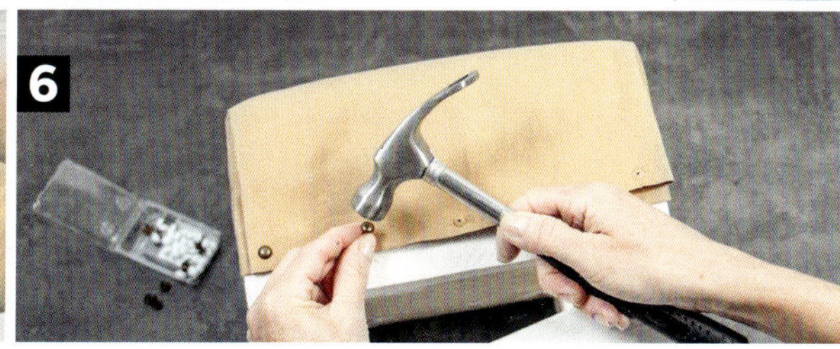

So wird's gemacht

1. Für den Hocker Marke Eigenbau die Hockerbeine mittels Holzdübeln an der Sitzfläche befestigen. Dazu je Bein zwei Löcher bohren, entsprechend auch in die Holzplatte, je Bein zwei Dübel setzen und zusätzlich die gesamte Verbindungsfläche mit Holzleim einstreichen. Mit Gewichten beschweren und aushärten lassen.

2. Die acht schrägen Leisten an die gewünschte Stelle an den Hocker anhalten, die Schnittkante für die überstehenden Enden mit Bleistift markieren und anschließend zusägen. Dann die Leisten mithilfe des Akkuschraubers mit je zwei Holzschrauben an je zwei Hockerbeinen anschrauben. So pro Seite zwei Leisten anbringen.

3. Jetzt den gesamten Hocker weiß anstreichen und trocknen lassen.

4. Den Schaumstoff auf Sitzflächenmaß zuschneiden und auf den Hocker auflegen.

5. Das SnapPap zunächst an einer Seite der Sitzfläche annageln. Dazu einen schmalen Saum umschlagen, um die Kante zu verstärken. Dann das SnapPap über den Schaumstoff ziehen und auf der gegenüberliegenden Seite ebenfalls festnageln, gegebenenfalls die Länge korrigieren.

6. Die beiden noch offenen Seiten mit einem schönen Kanteneinschlag – ähnlich einer Geschenkverpackung – schließen und unter Spannung mit Polsternägeln fixieren.

TIPP: ***Einfacher ist das Fixieren des veganen Leders am Holz mit Reißnägeln. Um eine schöne Optik zu erzielen, kann man dann die Kante ringsherum mit weiß gestrichenen Leisten abdecken.***

ALTE VASEN

IM NEUEN LOOK

Ein Sammelsurium aus Vasen, die nicht zusammenpassen, das kennt fast jeder. Zum Entsorgen zu schade, zum Anschauen aber nicht schön genug. Das können wir ändern!

Material

- alte Vasen
- mineralische Grundierung (Gesso) in Weiß und Schwarz
- Acrylmarker in Gelb, Grau, Schwarz und Weiß
- Klarlack, seidenmatt
- Flachpinsel, weich

So wird's gemacht

1. Die Vasen gründlich reinigen. Die Oberflächen müssen frei von Staub und Fettspuren sein, damit die Farbe zuverlässig hält.

2. Die Grundierung mit einem weichen Flachpinsel auftragen. Schwarz deckt sofort, Gesso in Weiß muss erfahrungsgemäß zwei- bis dreimal aufgetragen werden. Dazwischen jeweils trocknen lassen.

3. Jetzt mit den Acrylmarkern die Muster aufmalen. Bei Markern mit rechteckiger, breiter Spitze können diese durch unterschiedliche Handhaltungen in der Strichstärke variieren. Bei diesem Design spielen Linien die Hauptrolle, jedoch auch flächige Farbgestaltungen sind möglich. Schau dir einfach mal meine Beispiele an und lasse dich inspirieren.

TIPP: ***Hat man mit dem Marker noch nicht viel Übung und möchte einen Versuch rückgängig machen, so kann die Zeichnung kurz nach dem Malen noch einmal mit fließendem Wasser abgewaschen werden. Kleine Korrekturen bei schwarzen Linien auf weißem Grund kann man mit dem weißen Marker vornehmen, und umgekehrt!***

4. Ganz zum Schluss den Klarlack auftragen. Dieser schützt die Oberfläche vor Kratzern, ist jedoch keine Versiegelung, um die Vase spülmaschinenfest zu machen. Spüle diese Unikate unbedingt von Hand!

ROSEN AUS PACKPAPIER

Wie Trockenblumen wirken diese Rosenblüten aus selbst eingefärbtem Papier. Der braune Grundton des Packpapiers lässt die Farbe zurückhaltend und geheimnisvoll wirken.

GESCHENKVERPACKUNG

Material

- Packpapier, matt
- Acrylfarbe in Magenta und Orange
- Bindedraht, fein
- Zeitungspapier
- Bastelpapierstreifen
- Paketschnur aus Natzurfasern
- flache Schale Wasser
- Pinsel
- Leine und Klammern zum Aufhängen
- Schere

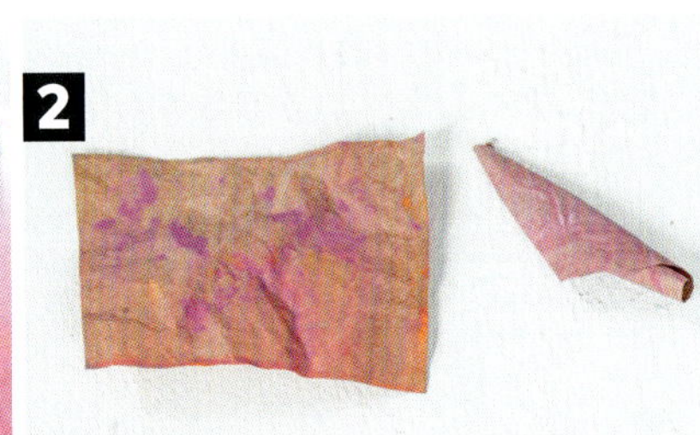

So wird's gemacht

1. Das Gefäß mit wenig Wasser füllen. Stücke vom Packpapier zerknüllen, wieder etwas glätten und ins Wasser legen. Etwas von beiden Acrylfarben hinzugeben und mit dem Pinsel verrühren. Die gefärbten Papierstücke zum Trocknen an die Leine klammern.

2. Die Blütenmitte bildet ein kleiner Trichter, der aus einem rechteckigen Papierstück gedreht wird

3. Weitere Stücke in länglicher Form jeweils an einer langen Kante umknicken und mit der geknickten Kante nach oben um die Blütenmitte drapieren. Dabei den Blütenansatz festhalten und das Papier dort fest zusammendrücken und mit Draht fixieren.

4. Jetzt kannst du ein Geschenk in Zeitungspapier einpacken, mit Paketschnur umwickeln und mit einer Rose und Bastelpapierstreifen dekorieren.

KRANZ AUS PAPIERROSEN

Material

- 25–30 Papierrosen nach Anleitung links anfertigen
- Packpapier, 30 x 70 cm
- Malerkrepp-Klebeband
- Heißkleber

So wird's gemacht

1. Den Papierbogen der Länge nach zu einem Schlauch zerknüllen. Um eine dichte Form zu erhalten, verdrehe den Schlauch in sich, so wird die Oberfläche glatter. Forme nun einen Kranz mit einem Außendurchmesser von etwa 22 cm. Das Loch in der Mitte sollte etwa 7 cm groß sein. Fixiere das Papier ringsherum mit Malerkrepp-Klebeband.

2. Dann die gebastelten Rosen nach und nach dicht auf den Kranz aufkleben.

MEINE SEIFENBLASEN
DRUCKEREI

Es ist eine experimentelle Arbeit, die vieles dem Zufall überlässt, was wegen der Überraschungsmomente besonders viel Spaß macht. Apropos Überraschungen, am besten übst du diese Technik im Freien an einem windstillen Tag!

Material

- leere Buntstifthülse
- passendes Schlauchstück
- Döschen Seifenblasenseife
- Lebensmittelfarbpaste in Türkis, Rot und Blau
- Glasschälchen
- Briefpapier und Karten
- Transparentpapier, farblos
- Zeitungspapier als Unterlage
- Windlichtglas mit Kerze
- Klebstreifen, transparent

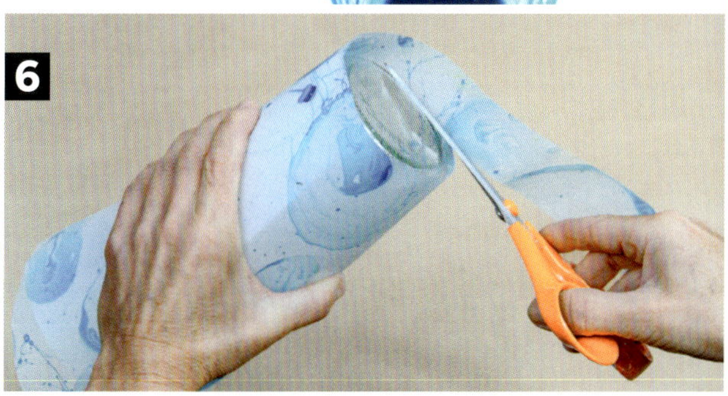

So wird's gemacht

Briefpapier und Grußkarten

1. Als Blasrohr mit einem Durchmesser von 10 mm eignet sich die Hülse eines leer gemalten Buntstifts. Um Farbspritzer im Gesicht zu vermeiden, setze ein Schlauchstück als Verlängerung an.

2. Rezept für die Seifen-Farbmischung: Eine haselnussgroße Menge Farbpaste mit einer halben Dose Seifenblasenseife in einem Glasschälchen mischen.

3. Die Arbeitsfläche großflächig mit Zeitungspapier abdecken. Das zu bedruckende Papier bereitlegen.

4. Das Röhrchen-Ende in die Mischung eintauchen, beim Herausnehmen durch Drehen in Bewegung halten, sodass die Seife nicht abtropfen kann. Die Blase vorsichtig aufpusten. Setzt man die Blase sanft auf dem Papier ab, zerplatzt sie mehr oder weniger rasch und es entsteht der zufällige Effekt. Die Spritzer ringsherum sind erwünscht. Achtung: Die Lebensmittelfarbe verfärbt die Haut und Gegenstände hartnäckig! Versuche deshalb Spritzer außerhalb des Papiers zu vermeiden.

5. Für die Grußkarten suchst du die schönsten Blasenmotive aus und schneidest sie rechteckig aus. Eine Klappkarte mit passender Farbgebung bildet den Passepartout.

Luftige Kerzengläser

6. Das Transparentpapier wie oben beschrieben mit Farb-Seifenblasen gestalten. Nach dem Trocknen die Bögen um geeignete Gläser drapieren und mit Klebstreifen fixieren. Mit einem LED-Licht oder einer Kerze beleuchten.

HANDLETTERING
ENTDECKEN

Jeder kann Schönschrift lernen. Man braucht nur das richtige Werkzeug und ein paar Tipps. Hier vermittle ich dir hier ein paar einfache Ansätze und Merksätze, damit du üben kannst.

Material

- Bogen Papier oder Karten
- feiner Fasermaler
- Bleistift

- Fasermaler mit Pinselspitze (Brushpen)
- farbige Aqua-Fasermaler

- Lineal
- Pinsel

So wird's gemacht

Zunächst sind Übungen wichtig, um die eigene Handschrift so bewusst zu beeinflussen, dass extreme Veränderungen im Schriftbild entstehen. Wichtig: Es gibt keine Regeln und deshalb auch keine Fehler!

1. Einen Bogen Papier zur Übung hernehmen und mit einem feinen Fasermaler oder auch Bleistift ein Wort oder einen Satz in deiner gewohnten Handschrift aufschreiben. Dann denselben Begriff einmal in lang gezogener Version und einmal gestaucht schreiben, ohne dabei die Höhe der Buchstaben zu verändern. Diesen Schritt bitte üben, bis ein Gefühl dafür entstanden ist.

2. Zeichne dir jetzt vier Hilfslinien mit dem Lineal vor, der Abstand der mittleren beiden Linien ist dabei größer. Jetzt kommt der Fasermaler mit Pinselspitze (Brushpen) zum Einsatz: Führt man die aufwärts führenden Linien immer mit sehr wenig Druck und die nach unten laufenden Linien mit viel Druck aus, entsteht das typische Schriftbild des Handlettering, auch „falsche Kalligraphie" genannt. Dies bitte so lange üben, bis es ganz automatisch abläuft.

3. Zeichne dir wieder ein Raster vor, diesmal nur aus zwei Linien bestehend und experimentiere nun mit Groß- und Kleinbuchstaben (Minuskeln und Majuskeln). Gestalte dabei die Längen ganz variabel.

4. Es gibt unzählige, weitere Möglichkeiten, die eigene Handschrift so zu modifizieren, dass sich eine vielfältige Kombination aus Styles ergibt, die nun fröhlich miteinander kombiniert werden. Verzierungen, Schattierungen und Schraffierungen sind typische Stilmittel im Handlettering. Erlaubt ist alles, was Spass macht und den eigenen Stil hervorhebt.

TIPP: ***Teste Fasermaler und Stifte verschiedener Marken. Farben auf Wasserbasis eignen sich prima zum Gestalten farbiger Hintergründe. Etwas Farbe auf Aquarellpapier malen und mit Wasser beträufeln. Nach Wunsch mit einem Pinsel nacharbeiten oder die Verläufe von selbst entstehen lassen. Erst nach dem Trocknen dann mit dem Beschriften beginnen.***

LETTERINGS

AUF SITZMÖBELN

Meine Aufgabe als kreativer Kopf ist es, dir den Trick zu verraten, deine Letterings auf Möbel und Wände zu übertragen. Wenn du problemlos kleine Letterings anfertigen kannst, wird es Zeit, dir den Kniff für Großformate zu verraten.

Material

- Sitzwürfel aus Holz
- Bogen Papier
- Bindfaden
- Malerkrepp-Klebeband
- Kreidemarker
- Tafelfarbe in Schwarz
- Bleistift
- Lineal
- Vorlagen Letterings (VB 2)

1

2

4

So wird's gemacht

1. Zeichne deinen Lettering-Spruch, den du auf ein Möbelstück, die Wand oder auf Leinwand vergrößern möchtest, auf Papier. Halte dabei die Größe ein, die du gewohnt bist und die dein Pinselstift zulässt. Gern kannst du auch meine Vorlage verwenden.

2. Jetzt zeichnest du ein Rasterfeld darüber, zunächst ein Rechteck oder Quadrat, je nach Gestaltung, dann die Längs- und Querlinien. Je detailreicher die Zeichnung ist, desto feiner sollte das Raster ausfallen. In meinem Beispiel reicht eine Einteilung in neun Felder.

3. Als zu gestaltende Fläche habe ich mir einen Sitzwürfel aus Holz ausgesucht. Diesen teile ich nun ebenso ein, jedoch mit einem Fadenraster. Die Fäden werden dabei mit Malerkrepp-Klebeband seitlich fixiert. Das hat den Vorteil, dass du später keine Linien ausradieren musst, was meist nur schlecht gelingt.

4. Jetzt kannst du Feld für Feld das Motiv nachzeichnen. Die Fäden können beim Zeichnen leicht beiseitegeschoben werden.

TIPP: ***Die Sitzkisten aus Holz habe ich mit unterschiedlich getönten Tafelfarben gestrichen. So lassen sich mit abwaschbarer Kreide oder Kreidemarkern immer wieder neue Sprüche realisieren!***

WANDBILDER

MIT SCHRIFT UND FARBE

Hier nun zwei Beispiele für Wandbilder, die mit etwas Farbe und Schrift den Raum verschönern. Die Technik mit der Fadenrastereinteilung lernst du in der vorherigen Anleitung kennen.

Material

- Keilrahmen in gewünschter Anzahl und Größe
- Acrylfarben zum Sprayen
- Acrylfarbe in Schwarz oder breiter Acryl-Painter
- Bogen Papier
- Bleistift
- Lineal
- Sprühflasche Wasser
- Pinsel
- Bindfaden
- Metermaß
- Malerkrepp-Klebeband
- Vorlagen Wandletterings (VB 1)

So wird's gemacht

1. Den Wandspruch oder das gewünschte Motiv im Kleinformat vorzeichnen und mit einem Raster überziehen. Benutze dafür gerne die Vorlagen.

2. Die Leinwände zunächst wie ein Mosaik zu einem großen Rechteck zusammenlegen. Die Leinwände anfeuchten, dazu mit der Sprühflasche Wasser aufsprühen. Sprühe und tropfe nun die flüssige Acrylfarbe auf, es entstehen aquarellartige Effekte. Diese können mit einem Pinsel nachgearbeitet oder nach dem Trocknen beliebig verstärkt werden.

3. Den Keilrahmen nach dem Trocknen mit seitlich fixierten Bindfäden in ebenso viele Felder einteilen wie die Originalzeichnung. In meinem Beispiel konnte ich auf die Einteilung mit Fäden verzichten, da ich einfach die Begrenzungen der einzelnen Leinwände als Raster verwendet habe. Natürlich könntest du das Raster auch kleinmaschiger machen und zusätzlich mit Fäden unterteilen. Übertrage jetzt Feld für Feld die Konturen deines Entwurfs mit Acrylfarbe in Schwarz.

TIPP: ***Eine Kombination aus mehreren Keilrahmen lässt sich sehr gut mit starker, reißfester Nylonschnur aufhängen. Dazu die Rahmen mit der Rückseite nach oben auf dem Boden gerade ausrichten und die oberen Rahmenkanten mit der Schnur verbinden. Dreht man pro Verbindungspunkt eine Schraube mit Unterlegscheibe in das Holz, kann der Nylonfaden hier angeknotet und eingeklemmt werden. Durch Lösen der Schraube kann man die Abstände nötigenfalls nachjustieren.***

WANDMOTIV

MIT ABSTRAKTEN FEDERN

Leinwand mit leichten Wellen, etwas ausgefransten Schnittkanten, nicht ganz symmetrisch zugeschnitten und rahmenlos an der Wand fixiert. Das verkörpert die Philosophie des „Imperfect", des unbekümmerten Tuns ohne Zwang. Die tanzenden Federn genießen diese Kombi sichtlich.

Material

- Leinwand, grundiert, Meterware im Wunschmaß
- Acrylgesso in Weiß
- breiter Acrylmarker in Schwarz
- Skizzenpapier
- Pinsel

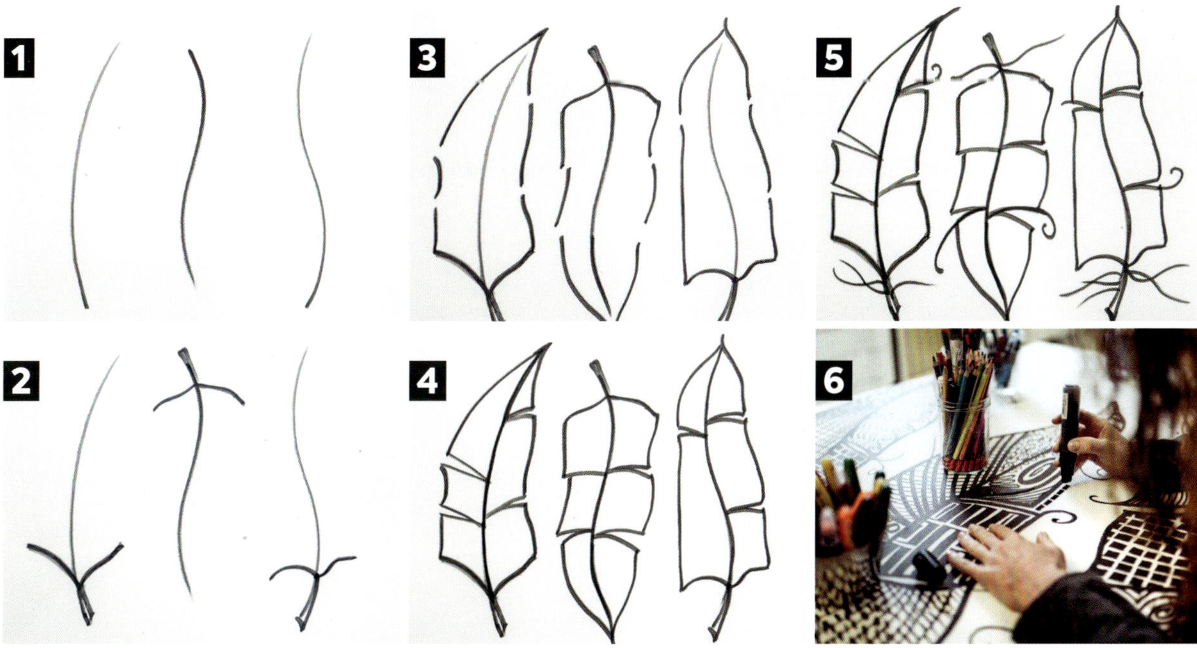

So wird's gemacht

1. Grundiere die Leinwand zunächst mit Gesso. Male dann drei geschwungene Linien. Beginne dabei abwechselnd oben und unten, so bekommt der Schaft der Feder bereits eine Richtung und Dynamik.

2. Ergänze an jedem Schaft eine verdickte Spitze und zeichne zwei kleine tanzende Arme links und rechts davon ein.

3. Verbinde jetzt jede Spitze mit den beiden Armen. Zeichne dabei mit Schwung und unterbrich die Linien. So kannst du ganz leicht immer wieder neu ansetzen und die Richtung korrigieren.

4. Die entstandenen Lücken betonst du jetzt durch zwei Verbindungslinien zur Federmitte hin. Zeichne auch diese Linien etwas bogenförmig.

5. Jetzt noch einige lose, lockere Linien ergänzen, um Leichtigkeit und Lebendigkeit zu schaffen.

6. Dann füllst du die Federn nach und nach mit Fantasiemustern aus, gehe dabei Feld für Feld vor. Du kannst mit der Stiftspitze experimentieren. Ändert man die Richtung und den Winkel, zeigt die breite Fasermine vielfältige Eigenschaften. Auch Drucken ist mit der Spitze möglich. Entspanne dabei und ärgere dich nicht, wenn einige Muster ein Eigenleben bekommen, das nicht deiner Vorstellung entspricht – denn genau das ist gewollt!

TIPP: ***Übe die Gestaltung der Federmotive zunächst auf einem Skizzenpapier. Es ist leichter, als du denkst. Sobald der Aufbau klar ist, kannst du ohne Vorzeichnung direkt mit dem Acrylmarker auf den Malgrund zeichnen. Nur Mut!***

FENSTERBILDER

MIT BLÄTTERMOTIVEN

Fensterbilder sind mal wieder groß im Kommen. Kein Wunder, man kann sich damit schöne Aussichten schaffen oder auch für Sichtschutz sorgen. Mein Vorschlag für dich sind kombinierte Blattmotive. Saisonbedingt kannst du die Motive jederzeit abnehmen.

Material

- Adhäsionsfolie als Rollenware (Handwerkermarkt)
- breite Acrylmarker in Grüntönen und Braun
- Flachpinsel
- Schere
- Vorlagen Blattmotive (VB 2)

So wird's gemacht

1. Zunächst die Umrisse der Motive in einem hellen Grünton auf die Adhäsionsfolie vorzeichnen. Die Vorlagen können direkt unter der Folie platziert werden und ermöglichen eine individuelle Anordnung der Einzelmotive.

2. Jetzt alle Umrisse in demselben Grünton komplett ausmalen. Bei fächerförmigen Blattmotiven immer von innen nach außen malen.

3. Mit einem Flachpinsel etwas Farbe von einem dunkleren Marker – in diesem Fall Dunkelgrün – aufnehmen und Strukturen aufmalen. Die Farbe kann entweder direkt von der Malspitze aufgenommen werden oder du tupfst zuvor etwas Farbe auf die Folie und tauchst die Pinselspitze in die nasse Farbe.

TIPP: ***Ein Pinsel, der schon oft benutzt wurde und struppige Haare hat, macht interessantere Effekte!***

4. Fächerförmige Blätter in mehreren Durchgängen mit Hellgrün und Dunkelgrün übermalen, um natürliche Schattierungen zu erzielen.

5. Bei federförmigen Blättern immer von der Mittellinie nach außen malen. Zum Schluss können einige Effekte in Braun hinzugefügt werden. Hierfür ist jedoch etwas Übung nötig, also ggf. nur sparsam anwenden!

6. Nach dem Trocknen die Motive ausschneiden und mit etwas Feuchtigkeit auf die Fensterscheibe legen, leicht andrücken.

TIPP: ***Um die Motive später glatt zu lagern, diese auf Backpapier auflegen oder beim Ausschneiden der Motive das Trägerpapier erhalten. So kann man es wieder benutzen und die Motive darin einrollen.***

DEKOGRAS

AUS WELLKARTON

Im Zusammenhang mit der „Greenery"-Welle, die Wohnungen in grüne Erholungsoasen verwandelt, entstand die Idee, Dekogräser einfach selbst herzustellen. Der Vorteil ist eindeutig: Wir vermeiden es, Plastikgras zu kaufen und können die Größe der Dekoration selbst bestimmen.

Material

- Wellkarton in Grün und Natur
- Holzspieße aus Bambus
- Wickeldraht
- Wollreste
- Karton als Unterlage
- Küchenpapier
- Gefäß mit Kieselsteinen oder Steckmasse gefüllt
- Holzleim
- Cutter und Schneidematte
- Aluminiumlineal
- Schere

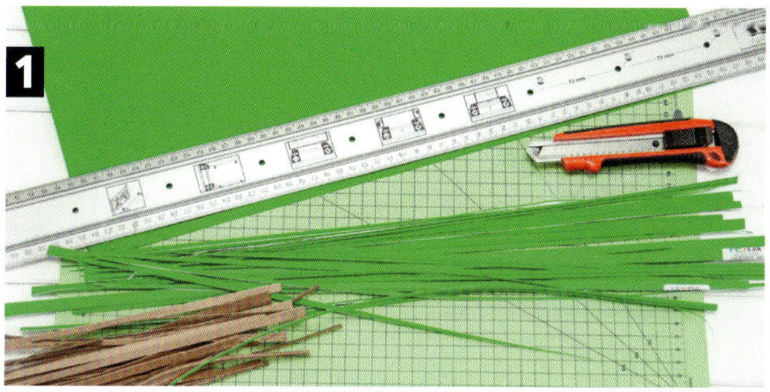

So wird's gemacht

1. Den Wellkarton mit dem Cutter in spitz zulaufende Streifen schneiden. Dabei dürfen unterschiedliche Längen und Breiten entstehen. Nach Wunsch grünen und naturfarbenen Karton mischen.

2. Die obere Hälfte jedes Halms durch Streifen über den Fingernagel oder ein Hilfsmittel, wie zum Beispiel einen Messerrücken, in Form bringen.

3. Die Halme dann mit den Spitzen nach oben ausrichten und unten bündig anlegen. Dann mit Wickeldraht zusammenbinden.

4. Die Holzspieße lassen sich mit dem Cutter der Länge nach halbieren. Anschließend kann man mehrere Hälften mit Wickeldraht zu einem beliebig langen Stängel verbinden.

5. Die Wollreste in kleine Stücke zerschneiden und auf dem Karton auslegen. Um unterschiedliche Blütenstände herzustellen, können die Fasern farblich beliebig gemischt werden.

6. Das Stielende mit etwas Küchenpapier umwickeln, um es dicker zu machen. Dann etwas Leim auf den Karton geben und den Ansatz darin wälzen, bis er ringsherum klebrig ist. Dann in die Fasermischung eintauchen und mehrfach drehen. Ist der Leim komplett mit Wolle bedeckt, kann man die Form mit der Hand etwas nachmodellieren.

7. Eine Holzkiste oder Übertopf nach eigenem Geschmack mit Kieselsteinen füllen oder, je nach Größe, mit Steckmasse bestücken. Die Grasbündel hineinstecken und mit den Blütenständen ausschmücken.

STOFFSCHUHE VERZIEREN

MIT TEXTILFARBE

Individuell zu sein ist eine Einstellung, die besonders stark von Kreativen gelebt wird. Dabei muss es sich nicht immer um Neuware handeln. Man braucht nur Ideen, das richtige Werkzeug und schon geht's los mit dem DIY-Upgrade.

Material

- Schuhe aus Baumwollstoff
- flüssige Textilfarbe oder Sprühfarbe in Gelb und Blau
- Textilmarker oder Tubenmaler in Schwarz
- Wasserzerstäuber
- Haarpinsel

2

3

4

So wird's gemacht

1. Die Schuhe einmal waschen, um den Textilschutz zu entfernen. Bei bereits getragenen Schuhen ggf. den Schmutz auswaschen. Der nächste Arbeitsschritt kann schon erfolgen, wenn der Stoff noch feucht ist. Anderenfalls das Gewebe mit dem Wasserzerstäuber benetzen. Die Schnürsenkel entfernen.

HINWEIS: ***Die flüssige Textilfarbe gut schütteln, dann den Zerstäuber-Aufsatz abdrehen. Wichtig ist, dass die offene Flasche einen guten Stand hat und nicht umfallen kann. Sicherheitshalber empfiehlt es sich, einen Behälter unterzustellen.***

2. Mit dem Pinsel nun die Farbe aufnehmen und auf dem feuchten Stoff absetzen. Der Pinsel darf nicht mit Ösen und Sohle in Berührung kommen, die Farbe zieht sich von selbst in die Fasern.

3. Auf diese Weise können einheitliche Färbungen entstehen wie bei den gelben Schuhen oder unregelmäßige Muster wie bei den blau bemalten.

4. Die Schuhe gut trocknen lassen. Jetzt die Muster in Schwarz aufmalen. Die Tupfen in unterschiedlichen Größen gestalten, so wirkt das Design fröhlich und lebendig. Auch Linien und Schraffierungen ergeben eine aparte Kombination und heben den Unikat-Charakter hervor! Achte nicht auf Symmetrie, auch eindeutige Unterschiede der Gestaltung an beiden Schuhen sind ein pfiffiges Stilmittel.

HINWEIS: ***Manche Textilfarben sind selbstfixierend und werden durch ausgiebiges Trocknen waschfest. Andere Fabrikate müssen durch Hitze haltbar gemacht werden. In diesem Fall ist ein Heißluftföhn zu empfehlen.***

LIEBLINGSKISSEN

MIT FEDERMOTIVEN

Wir gestalten Sofakissen im federleichten Look, dabei bringt jeder seinen eigenen Geschmack und seinte Lieblingsfarben mit ins Spiel.

Material

- Kissenhülle aus Baumwolle
- Karton
- Zeitungspapier als Unterlage
- Malerkrepp-Klebeband
- Textilfarben im Pumpzerstäuber in Türkis und Violett
- Textilfarben in Gelb und Weinrot
- Textil-Liner in Weiß und Schwarz/Glimmer
- Pinsel
- Bleistift
- Schere
- Vorlage Federn (VB 2)

3

So wird's gemacht

1. Um die Kissenhüllen von der Appretur zu befreien, einmal ohne Verwendung von Weichspüler waschen. Den Pappkarton auf Kissenformat zuschneiden und in die trockene Kissenhülle stecken, so kann die Farbe nicht durchdrücken. Die Arbeitsfläche mit Zeitungspapier abdecken.

2. Mithilfe der Vorlage mehrere Federn auf dem Karton vorzeichnen und ausschneiden. Die Motive auf dem Stoff mit Malerkrepp-Klebeband fixieren.

3. Für einen in sich verlaufenden Hintergrund aus zwei Farbtönen die Farbe nun direkt aufsprühen. Um eine klare Trennung zu erzielen, deckt man einen Teil des Kissens mit Karton ab.

4. Die ausgesparten Federmotive jetzt mit Hilfe des Pinsels in Gelb und Weinrot ausmalen. Zieht man den Pinsel von der Mitte der Feder immer nach außen, entsteht der Effekt einer weichen Struktur. Mit den Textil-Linern nun die Außenkante der Federn und den Kiel fransenartig nachziehen.

5. Die Rückseite ebenfalls gestalten und die Farbe nach Herstellerangaben fixieren.

SCHLAFKISSEN

FÜR HUNDE UND KATZEN

Meine Grundidee, ein Hunde- oder Katzenbett aus vier normalen Kissen herzustellen, kannst du in jeglichen Farbvarianten umsetzen. Praktisch und soooo bequem!

Material

- 4 Baumwollkissenbezüge, 40 x 40 cm, weiß oder grün
- Zeitungspapier als Unterlage
- Karton
- Fashion-Spray in Hellgrün, Dunkelgrün und Gelb
- Fashion-Liner in Schwarz und Weiß
- 4 Kissenfüllungen, 40 x 40 cm
- Faden
- Nähnadel

So wird's gemacht

1. Zeitungspapier als Arbeitsunterlage ausbreiten. Außerdem vier Stücke Karton à 38 x 38 cm zuschneiden und in die Kissenhüllen stecken.

2. Um harmonische Grünverläufe zu erzielen, nacheinander Hellgrün, Gelb und Dunkelgrün aufsprühen. Die Farbe trocknen lassen und dabei für ein wenig Luft zwischen Stoff und Karton sorgen, damit diese nicht zusammenkleben. Danach auch die Rückseiten der Kissenhüllen besprühen.

3. Um eine Oberfläche im Kaktus-Look anzudeuten, malst du jetzt mit dem Fashion-Liner in Schwarz auf die Vorderseiten der Kissenhüllen kleine Kreise auf, die mit immer weniger Druck arbeitend, nach außen leicht auslaufen. Mit dem Fashion-Liner in Weiß jeweils im schwarzen Punkt ansetzen und strahlenförmig gerade Striche malen, die dünn auslaufen. Die Farbe erneut trocknen lassen.

4. Die trockenen Kissen nach Herstellerangaben fixieren. Dann die vier Kissenhüllen an den Seitennähten zu einem Quadrat zusammennähen. Die Reißverschlüsse liegen dabei jeweils außen, damit sie mit Kissen befüllt werden können.

2

3

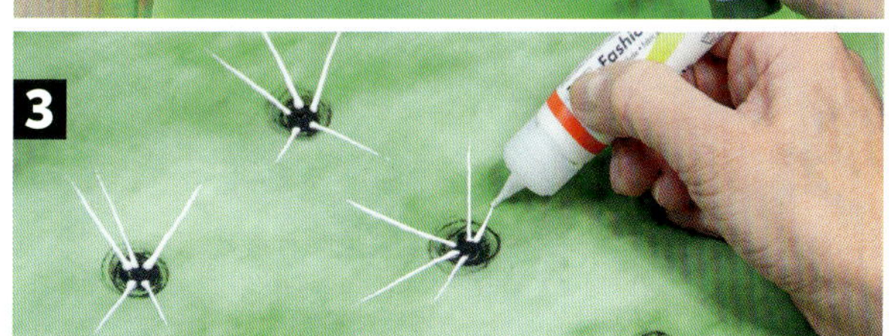

MIXED-MEDIA-SHIRT

MIT FASHION-SPRAY

Bei dieser Mischtechnik ist alles erlaubt, was Spaß macht oder gerade vorhanden ist. Werkzeuge, Motive, Techniken, alles passt zusammen bei Mixed-Media! Hier einmal in der Variante mit Textilfarben.

Material

- T-Shirt aus Baumwolle
- Karton
- Zeitungspapier

- Textilfarben jeder Art: Textil-Farbspray, Flüssigfarbe, Farben und Pasten deckend und transparent, Tubenmaler

- verschiedene Pinsel, Walzen, Spachtel, Schablonen, Gegenstände zum Drucken
- Küchentuch

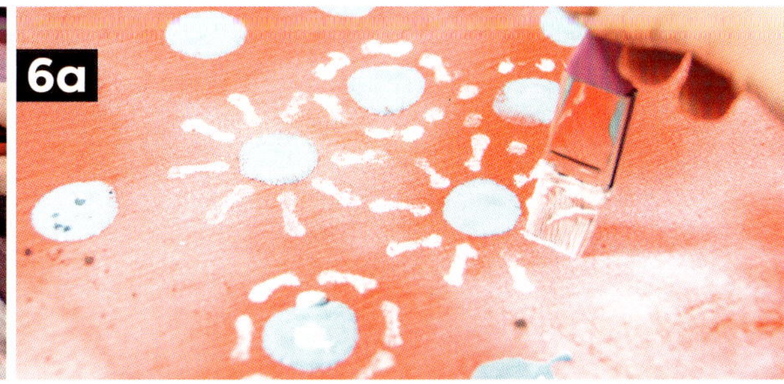

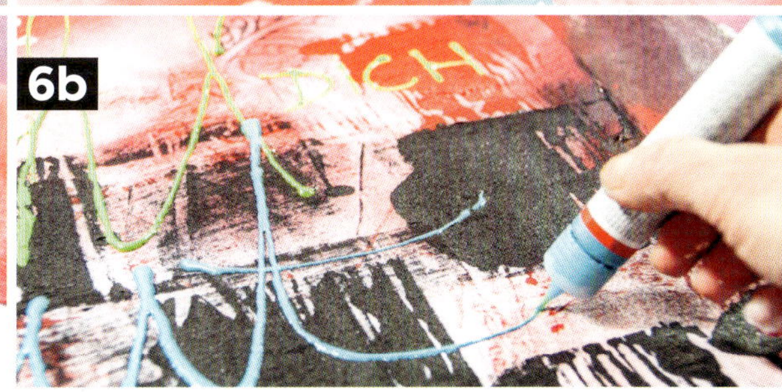

So wird's gemacht

1. Zunächst muss die Appretur aus einem neuen Shirt ausgewaschen werden, dafür das Teil einmal normal waschen. Die Arbeitsfläche mit Zeitungspapier abdecken und das trockene Kleidungsstück mit Karton auslegen, sodass die Farbe nicht durchschlagen kann.

2. Mit Textil-Farbspray eine erste Grundfärbung gestalten. Dabei bewirken Unebenheiten im Stoff gewollte Schattierungen.

3. Eine Farbwalze erzeugt interessante Effekte, trägt man pastose (dickflüssige) Textilfarbe ungleichmäßig auf. Beim Abrollen auf dem Stoff entstehen lebhafte Strukturen.

4. Möchte man die Ärmel mit einem Längsstreifen betonen, sollte der Karton eingerollt in den Stoff geführt werden. So vermeidet man die Teilung des Ärmels entlang der Mittelkante. Hier wurde der Streifen mit derselben Technik wie oben beschrieben mit schwarzer Farbe erzielt.

5. Schablonenmotive können mit einem Schwamm, Pinsel oder Sprayfarbe zum Einsatz kommen. Hier wurde das Federmotiv in Schwarz abgebildet.

6. Verschiedene Tubenmaler oder Pinselstifte kommen hier ebenso zum Einsatz wie die Stempeltechnik. Schriftelemente ergänzen die Mischtechnik und geben modernen Schwung.

7. Durch intensives Bügeln bei Baumwolltemperatur werden die Farben waschfest. Einfacher geht's im Backofen, siehe Herstellerangaben.

TEXTILDRUCK
MIT GELPLATTE

Gelli Plate Printing heißt die Technik, bei der die Farbgestaltung auf einer Gelplatte stattfindet und dann auf das Papier gedruckt wird. Ich diesem Fall habe ich das einmal mit Textilfarben ausprobiert und finde, es macht super viel Freude!

Material

- Zeitungspapier als Unterlage
- Textilfarben in Blautönen und Weiß
- Gelplatte Gelli Print
- Baumwollstoff
- Kerzenglas
- diverse Pinsel
- Gabel
- Heißkleber
- Schere

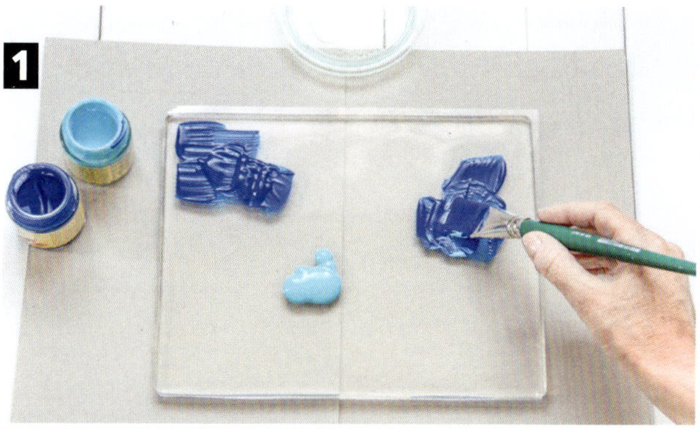

So wird's gemacht

1. Die Arbeitsfläche mit Zeitungspapier abdecken. Die gewählten Blautöne der Textilfarbe ungleichmäßig auf der Gelplatte verteilen.

2. Das Wellenmuster zunächst mit einem breiten Pinsel vorbereiten, dann noch weiße Sprenkel verteilen und das Ganze mit der Gabel verfeinern.

3. Den Baumwollstoff auf der Zeitungsunterlage ausbreiten und das Wellenmotiv mit der Farbe voraus aufdrucken. Die Gelplatte abnehmen und waschen. Danach kann erneut Farbe aufgetragen werden.

TIPP: ***Mit vorherigem Probedruck auf einem Stoffrest kann man den Effekt ausprobieren, bevor man den Print auf dem Stoff vornimmt. Viel Spaß beim Experimentieren!***

4. Nach dem Trocknen die Farbe fixieren, dazu die Angaben des Farbherstellers beachten.

5. Zum Schluss die Stoffstücke zuschneiden, um ein Kerzenglas drapieren und festkleben.

BATIK-SHIRTS

LEICHT GEMACHT

Wenn auch du beim Begriff Batik an Eimer mit dampfenden Farblösungen denkst, geht es dir wie mir. Eine Technik für Könner mit zeitlosen Mustern als Ergebnis. Ich zeige dir hier, wie du mit flüssigen Textilfarben einen ähnlichen Effekt erzielst, schnell und ganz ohne Vorkenntnisse.

Material

- Baumwollshirts in Weiß
- Synthetikschnur
- Unterlage, wasserfest, z. B. Folie
- Unterlage, saugstark, z. B. Tapete oder anderes Papier
- Textilfarbsprays im Zerstäuber
- Kleiderbügel
- Schere

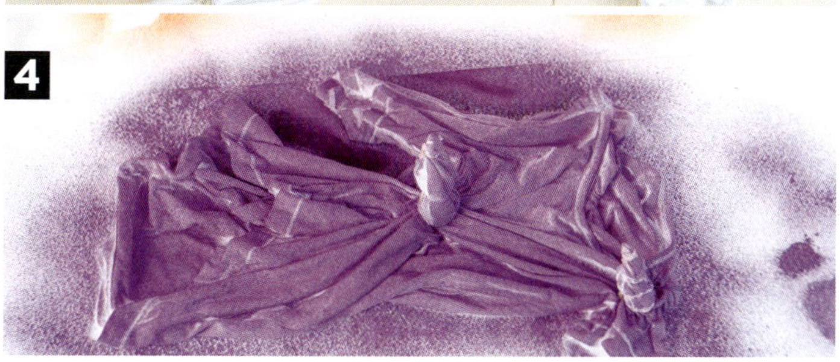

So wird's gemacht

1. Neue Textilien müssen zunächst durch einen Waschgang von der Appretur befreit werden. Die Shirts dann direkt nach dem Trocknen mit einer leichten Nebelfeuchte weiterverarbeiten.

2. Die Arbeitsfläche mit Folie auslegen und anschließend mit Papier abdecken.

3. Mit der Synthetikschnur werden nun die bekannten Schnürungen vorgenommen, die vom ursprünglichen Shibori bekannt sind. Zum Beispiel wird ein Shirt vom unteren Rand bis zum Halsausschnitt im Zickzack zusammengelegt und dann viermal abgebunden. Beim zweiten Shirt formst du an zwei Stellen eine Wulst, die du dreimal abbindest.

TIPP: ***Die Abbindungen müssen keinesfalls so fest ausgeführt werden, wie es beim Färben im Farbbad üblich ist. Es reicht eine lockere Bindung, die allein durch ihren Schattenwurf beim Sprühen sichtbar wird.***

4. Die Textilien jetzt noch etwas feiner drapieren, indem man schwungvolle Wellen und Übergänge formt. Jetzt wird die Farbe aufgesprüht. Beim Beobachten der Farbe auf dem Stoff merkst du, dass die Richtung des Sprühens wichtig ist für den Effekt.

5. Noch im feuchten Zustand werden vorsichtig die Schnüre aufgeschnitten und abgenommen. Das Shirt gleich zum Trocknen glatt auf Papier ausbreiten oder auf einen Bügel hängen.

6. Durch intensives Bügeln bei Baumwolltemperatur werden die Farben waschfest. Einfacher geht's im Backofen, siehe Herstellerangaben.

STOFFDRUCK

MIT KNETMASSE

Ich liebe es, das Drucken immer wieder neu zu entdecken. Bei diesem Experiment mit Knetmasse war ich selbst erstaunt, wie gut der Print gelingt.

Material

- Baumwollstoff in Beige
- Zeitungspapier als Unterlage
- Knetmasse
- Textilfarbe in Rot
- Stück Pappe oder Teller
- Tubenmalfarbe für Textilien in Grün und Weiß
- Flachpinsel

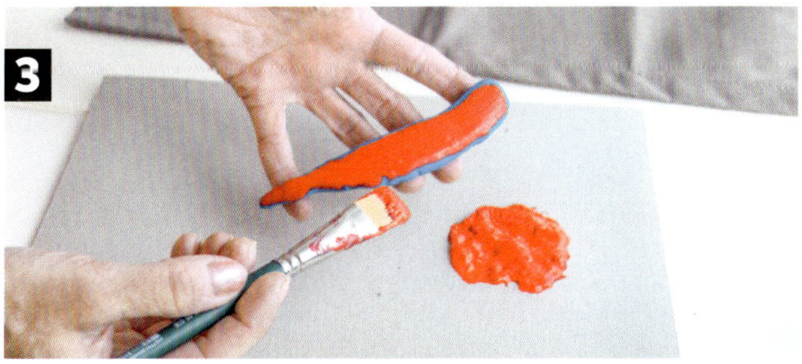

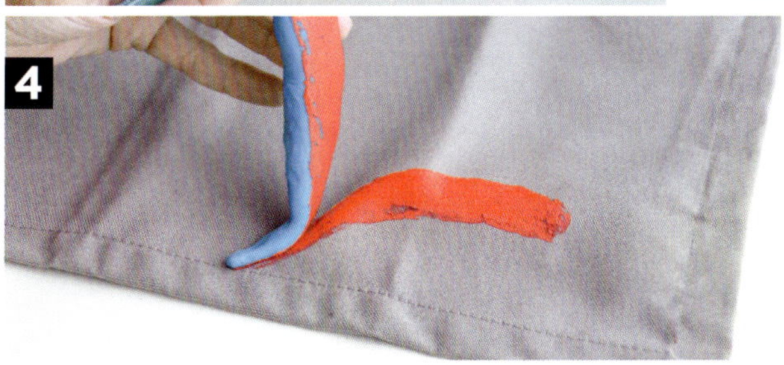

So wird's gemacht

1. Die Stoffe sollten ohne Weichspüler gewaschen sein, bei neuen Textilien die Appretur auswaschen. Den Tisch mit Zeitungspapier abdecken. Für dunkle Stoffe bitte deckende Textilfarbe verwenden. Auf hellen Stoffen sind beide Varianten möglich.

2. Ein Stück Knetmasse in Form einer Peperoni modellieren und leicht flach drücken.

3. Textilfarbe in Rot auf einen Teller oder ein Stück Pappe geben, rote Textilfarbe mit dem Pinsel aufnehmen und auf der Unterseite der Druckform verteilen.

4. Die Knetform mit der Farbe voran auf dem Stoff absetzen und danach gleich wieder abnehmen.

5. Die Druckform nach Wunsch ein wenig verbiegen, erneut einfärben und drucken. Nach einigen Druckvorgängen kann die Knetmasse nach Wunsch mit Wasser gewaschen und nach dem Trocknen wieder verwendet werden.

TIPP: ***Um die Gestaltung auszuprobieren, zunächst den Druck auf Papier absetzen und mit der Anordnung experimentieren: Überlagerung, parallele Gruppen oder Einzelmotive. Um die Wirkung der Gestaltung auf farbiger Tischwäsche zu erproben, die Motive zunächst auf Papier drucken, ausschneiden und zur Probe auf dem Stoff anordnen.***

6. Mit der grünen Farbe die Stiele aufmalen und Reflexe in Weiß auftupfen, das gibt den Motiven eine plastische Wirkung. Sind keine Tubenmaler vorhanden, kann man die Stiele auch aus Knetmasse formen und mit Textilfarbe aufdrucken.

7. Ist die Gestaltung beendet, den Stoff vorsichtig von der Unterlage abnehmen, damit das Papier nicht antrocknet. Nach Angaben des Herstellers die Textilfarbe trocknen lassen und fixieren.

STUHLHUSSEN
AUS TEPPICHEN

Die verschiedenen Stühle bekommen durch die Hussen einen einheitlichen Look, ganz ohne Abschleifen und Streichen. Schau dich um, es gibt dünne Webteppiche in großer Auswahl.

Material

- Webteppiche, Baumwolle, 60 x 120 cm
- verschiedene Stühle
- Baumwollfaden, gewachst
- große Nähnadel
- Schere

1

2

So wird's gemacht

1. Den Webteppich auf den Stuhl legen und damit die Sitzfläche, die Rückenlehne und deren Rückseite abdecken. Vorne sollte der Teppich noch leicht die Sitzfläche überlappen.

2. An der Sitzfläche die vorderen Ecken umklappen und an die Seitenfläche des Teppichs anlegen, sodass eine fixierende Ecke entsteht. Je nach Stuhlform kann der Falz unterschiedlich ausfallen. Die Ecke dann mit dem stabilen Faden und der Nadel von Hand grob festnähen. Orientiere dich am Foto.

3. Jetzt werden noch die Seitennähte an den Rändern der Rückenlehne geschlossen. Dafür den Teppich so weit einschlagen, dass er eng an der Lehne anliegt und dann die beiden offenen Kanten mit Nadel und Faden zusammennähen.

TIPP: ***Beim Nähen dürfen die Stiche deutlich sichtbar sein, das unterstützt den DIY-Look.***

ETHNO-HANDTASCHE

AUS WEBTEPPICH

Hast du noch einen der dünnen Webteppiche übrig, wird rasch eine tolle Handtasche daraus. Alles was du brauchst ist eine dicke Nähnadel und ein stabiler Faden. Los gehts!

Material

- Webteppich, Baumwolle, 60 x 120 cm
- SnapPap in Schwarz
- Baumwollfaden, gewachst
- Maßband
- große Nähnadel
- Schere

So wird's gemacht

1. Den Teppich mit der linken Seite nach oben ausbreiten und die langen Seitenkanten zur Mitte hin einschlagen. Danach die Seitenkanten über die gesamte Länge zusammennähen.

2. Dann 25 cm vom unteren Rand nach oben messen und die untere Kante an dieser Linie anlegen.

3. Die beiden Stoffschichten greifen und nochmals um weitere 25 cm nach oben versetzt ablegen. Oben bleibt noch ein Rest von 20 cm stehen, dieser bildet die Taschenklappe.

4. Jetzt die Fransen an der Taschenklappe kurz zurückschneiden, nach innen einklappen und die Kante mit einer Naht schließen.

5. Die zwei entstandenen Taschenkammern müssen nun noch seitlich mit je zwei Nähten geschlossen werden sowie die obere Kante des ersten Fachs.

6. Für den Tragegurt einen Riemen von 4 cm Breite aus mehreren SnapPap-Streifen zusammennähen. Wichtig ist, dass die Enden sich um einige Zentimeter überlappen. Den Tragegurt von unten zwischen die beiden Taschenkammern schieben und festnähen.

TIPP: ***Auch ein fertiger Gurt von einer ausgedienten Tasche ist hier prima zu verwerten. Nach Wunsch können Magnetverschlüsse oder Steckschnallen an der Klappe angebracht werden. In diesem Fall bleibt die Tasche jedoch locker offen und ein wenig „imperfect".***

GESCHENKPAPIER

IM SKANDI-STIL DRUCKEN

Willkommen in deiner eigenen Papierwerkstatt! Alles was du brauchst, ist eine transparente Platte und Heißkleber.

Material

- Acrylplatte, transparent
- Heißkleber
- Papier in Rot, Weiß und Türkis
- Acrylfarben in Weiß und Türkis
- Filzstift in Gelb
- Schleifpapier, 120er-Körnung
- Schleifblock
- Borstenpinsel, flach und breit
- Vorlage Sterne (VB 1)

So wird's gemacht

1. Mit dem Heißkleber und mithilfe der Vorlage die Sterne auf die Acrylplatte malen. Die Linien des Heißklebers mit dem Schleifpapier vorsichtig etwas abflachen.

2. Das Papier bereitlegen. Dann die Druckplatte einfärben, dazu mit dem Borstenpinsel sanft die Acrylfarbe auftragen. Die Pinselstriche dürfen unregelmäßig sein, das ist ein Element der Gestaltung. Zügig das Papier auf die bemalte Platte auflegen und alle Bereiche mit den Händen gut andrücken.

3. Das Papier abnehmen und zum Trocknen auslegen. Um Akzente zu setzen, mit einem nicht deckenden Filzstift in Gelb einzelne Sterne ausmalen.

TIPP: ***Um große Bogen herzustellen, einfach mehrere Drucke zusammenkleben.***

SCHNELLE VERPACKUNGSTIPPS

FÜR WEIHNACHTSWICHTEL

Geschenke verpacken soll nicht viel Material in Anspruch nehmen und muss manchmal auch ziemlich schnell gehen. Hier ein paar Tricks, wie du geschickt kleine Akzente setzt.

Material

- Packpapier, natur
- Bogen Motiv-Geschenkpapier
- Holzfurnierstoff, Reste
- Acrylmarker in Weiß
- Füllmaterial aus Papier
- Papierschnur
- Schere
- Klebestift

So wird's gemacht

1. Clever veredelt: Anstatt ein Geschenk mit edlem Papier einzuwickeln, kann man mit diesem Trick die Motive hervorheben und zeitgleich Material sinnvoll einsparen. Schneide einzelne Motive aus dem Geschenkpapier aus und klebe sie vorn auf ein in schlichtes Packpapier eingehülltes Geschenk.

2. Locken verlocken: Reststreifen von Holzfurnierstoff um ein Päckchen legen, mit einem Schlitz versehen und dort das Ende hindurchfädeln. Die Enden zu formschönen Locken drapieren. Bei größeren Paketen befestigst du die Furnierlocke als Akzent an einer Ecke des Pakets.

3. Symbolisches Flöckchen: Aus Furnierstoffschnipseln bastelst du eine Schneeflocke, indem drei Streifen über Kreuz gelegt, mit Klebstoff fixiert und dann grob mit dem Acrylmarker bemalt werden. Die Schneeflocke auf das Packpapier kleben.

4. Kugeln dürfen nicht fehlen: Eine Handvoll Füllmaterial aus geschreddertem Papier mit etwas Papierschnur umwickeln, verknoten und die Papierlocken mit der Schere stutzen – fertig!

FLASCHENVERPACKUNG

MIT FUCHSMOTIVEN

Schlau (wie ein Fuchs) verpackt sind die selbst gemachten Liköre in Flaschen. Die Überraschung bleibt lange erhalten, denn wer möchte hier schon gleich ans Auspacken denken …

Material

- 2 Sorten Bastelkarton mit Muster in Türkis
- Kohlepapier
- Marker in Schwarz
- Packpapier
- Klebestift
- Papierkordel
- Klebeband, transparent
- Bleistift
- Schere
- Vorlage Fuchsverpackung (VB 2)

So wird’s gemacht

1. Die Vorlagen mit Kohlepapier auf den gemusterten Bastelkarton übertragen und ausschneiden. Dann das Fuchsgesicht aus fünf Einzelteilen zusammensetzen und mit Klebstoff fixieren. Augen und Nase mit dem Marker aufmalen.

2. Die Flasche in Packpapier einschlagen und zunächst auf der Unterseite mit Klebestreifen schließen. Die Form am Flaschenhals etwas verjüngend falten, dann ebenfalls zukleben.

3. Mit etwas Papierkordel den Flaschenhals zusätzlich taillieren und verzieren. Hier kannst du auch selbst gestaltete Labels oder Stempeletiketten anbringen. Dann noch den Fuchskopf oben und den Schweif unten mit Klebstoff ankleben.

FUCHSFIGUREN
AUS BRETTERN

Durch die Taillierung auf der einen Seite und den angesetzten Schweif auf der anderen, bekommt das Brett eine überraschend breite Dimension.

Material

- Holzbretter, 120 x 20 cm
- Kohlepapier
- Holzleim
- Acrylfarbe in Weiß, Türkis und Schwarz
- Glimmer-Effektlack
- Holzschrauben
- Bleistift
- Stichsäge
- Pinsel
- Schleifpapier
- Akkuschrauber
- Vorlage und Schema Holzfuchs (VB 2)

So wird's gemacht

1. Die Vorlage der Kopfteile mit Kohlepapier auf ein Brett durchpausen, aussägen und schleifen. Die Ohren anleimen, der Rest der Figur wird gemäß Skizze nur noch durch den Schwanz ergänzt, der freihändig aufgemalt und nach dem Aussägen und Schleifen seitlich am Brett angeleimt wird.

2. Alle Holzteile mit weißer Acrylfarbe grundieren und trocknen lassen. Dann die Bemalung in Türkis ergänzen und nach Wunsch Glimmer-Effektlack auftragen. Details wie Augen, Nase und Füße erst zum Schluss in Schwarz auf die getrocknete Oberfläche aufmalen.

3. Um die Köpfe der Füchse leicht geneigt am Rumpf anzubringen, können zwei lange Holzschrauben von der Rückseite durch die schräg fixierten Teile geschraubt werden. Ein unterlegtes, keilförmiges Holzstück erleichtert die Befestigung und sorgt zusätzlich für Halt.

TIPP: ***Du bist kein Holzwurm? Dann übertrage doch die Figuren auf stabilen Karton. Verleimt man mindestens zwei Schichten davon, bleibt das Material stabil genug, um im überdachten Eingangsbereich eine fröhliche Dekoration zu bieten.***

LUSTIGE RENTIERE

AUS FUNDSTÜCKEN

Diese weihnachtlich-festlichen Kerlchen werden ganz einfach wie ein Bausatz aus Naturmaterialien zusammengesetzt.

Material

- Aststücke, ca. 3cm ø
- Astgabeln, klein
- Ästchen, gerade, ca. 0,8cm dick
- Walnüsse
- Astscheiben (Bastelbedarf, Floristik)
- Kiefernzapfen, klein
- Acrylfarbe in Weiß und Rot
- Tubenmaler in Schwarz
- Hand- oder Laubsäge
- Bohrer, 8mm
- Heißkleber
- Schere
- Pinsel

1

So wird's gemacht

1. Die verschiedenen Fundholzteile mit einer Handsäge so zurechtschneiden, dass sie einen Bausatz für eine Rentierfigur ergeben.

2. Bohre nach Wunsch ein Loch für den Hals und vier für die Beine und klebe die Teile dann zusammen. Meist reicht eine reine Klebeverbindung ohne Bohren jedoch aus.

TIPP: ***Löst sich die Klebstelle mitsamt der Rinde, klebe diese einfach erneut an.***

3. Zwei ähnliche Astgabelungen als Geweih ankleben. Mit einer kleinen Schere je zwei Blätter des Kiefernzapfens herausschneiden und als Ohren am Ansatz befestigen.

4. Mit der Acrylfarbe die Verzierungen aufmalen und das Gesicht mit dem Tubenmaler auftragen.

HOLZSTERNE

AUS FÜNF SEGMENTEN

Würde man diese Sterne aus einem Holzstück zusägen wollen, bräuchte man ein sehr großes Brett. Der Trick: Fünf Segmente bilden einen großen Stern.

Material

- Holzbrett, 120 x 20 cm
- Kohlepapier
- Acrylfarbe in Weiß und Pastellfarben
- Schutzwachs in Braun
- Montageklebstoff
- Stichsäge
- Schleifpapier
- Pinsel
- Schwamm
- Vorlage und Schema Sternsegment (VB 2)

So wird's gemacht

1. Die Vorlage der Sternsegmente mithilfe des Schemas und des Kohlepapiers fünfmal platzsparend auf das Brett übertragen, aussägen und schleifen.

2. Jedes Segment in einer anderen Farbe streichen. Ich habe mich bei einem Stern für Pastelltöne entschieden. Mit Weiß anschließend leicht über die Farbe gehen und mit Schutzwachs und einem Schwamm die Ränder behandeln, das ergibt den Shabby-Look.

3. Für einen Stern in natura das Holz mit Schutzwachs in Braun behandeln. Dieses kann mit einem Pinsel oder Schwamm aufgetragen werden. Für den Patina-Effekt mit dem Pinsel und wenig weißer Farbe noch leicht über den Stern wischen.

4. Zum Schluss die Holzsegmente mit Montageklebstoff zusammenleimen.

PLÄTZCHEN-ETAGEREN

Plätzchen oder Dekoration, was magst du lieber? Mit einer Etagere muss man sich nicht für eines entscheiden. Hier ist Platz für alles, was im Advent Stimmung verbreitet.

VARIANTE FÜR EILIGE

Material

- sternförmige Holzteller in verschiedenen Größen
- Stück Rund- oder Kantholzstab, 2 cm ø
- Kreide-Effektfarbe im Wunschton
- Kreide-Effektfarbe in Weiß
- Pinsel
- Holzleim

So wird's gemacht

1. Die Holzteller in einer Farbe grundieren und trocknen lassen. Dann mit der zweiten Farbe und einem fast trockenen Pinsel darüber streichen.

2. Das Holzstück als Achse zwischen die Etagen leimen. Nötigenfalls zum Trocknen abstützen.

1

VARIANTE MIT SELBST GESÄGTEN STERNEN

Material

- 2 Bogen Papier, DIN A3
- Fichtenholzbrett, 18 mm stark, 50 x 80 cm
- Kreide-Effektfarbe in Mint und Weiß
- 2 Stücke Rund- oder Kantholzstab, 2 cm Ø
- Bleistift
- Stichsäge
- Schleifpapier
- Pinsel
- Holzleim
- Vorlage Holzsterne (VB 1)

So wird's gemacht

1. Die Papierbogen einmal mittig falten. Die Vorlage für die unterschiedlich großen Sterne einzeln auf Papier übertragen, dabei die Mittellinie am Falz anlegen und die Sterne mit der Schere ausschneiden und auseinanderfalten.

2. Die Schablonen auf das Holzbrett übertragen, aussägen und schleifen. Male die Sterne dann in Mint und gehe mit Weiß leicht über die Farbe.

3. Aus dem Rund- oder Kantholzstab sägst du kurze Zwischenstücke zu. Diese nach Wunsch streichen und mittig mit Holzleim zwischen die Sterne setzen. Den Leim aushärten lassen.

FROSTIGE EFFEKTE

MIT KERZENGEL

Bei dieser frostigen Gelkerzen-Landschaft können die Kerzen immer wieder erneuert werden, während die Dekoration bestehen bleibt. Genial einfach und absolut sicher.

Material

- Kerzengel
- 4 kleine Glasgefäße
- 4 Dochte
- Essstäbchen
- Glasgefäß, flach und groß
- Deko-Gegenstände wie Zapfen, Äste, Tierfiguren und Tannen
- Kieselsteine oder Dekorgranulat
- Topf und Schüssel (Wasserbad)

So wird's gemacht

1. Das Kerzengel gemäß den Angaben des Herstellers im Wasserbad zum Schmelzen bringen.

2. Die vier Avdentskerzen in Form von kleinen Gläschen mit dem Gel füllen und den Docht nach der Verflüssigung einstellen. Mit asiatischen Essstäbchen kann man den Docht fixieren, damit er nicht umkippt. Einfach einmal um das Stäbchen knoten und es dann quer über den Glasgefäßrand legen.

3. Das große Gefäß aus Glas mit Kieselsteinchen oder Dekorgranulat füllen und anschließend das flüssige Gelwachs einfüllen. Die inzwischen ausgekühlten Kerzen in der Miniatur-Landschaft platzieren.

4. Mit Mini-Tannen, Tierfiguren und Naturästen nach Wunsch dekorieren.

TIPP: ***Zapfen und Äste bekommen durch Übergießen oder Eintauchen in flüssiges Gelwachs einen frostigen Eis-Effekt. Diese Elemente bitte immer ausreichend weit von den Kerzenflammen platzieren, ansonsten besteht Brandgefahr.***

DIY-STEMPELSET

FÜR WEIHNACHTSPOST

Wenn auch dir der improvisierte Stil beim Papier-DIY gut gefällt, ist diese Art des Druckens das Richtige für dich. Die Stempel und die Karten sind rasch gemacht.

Material

- Bauklötzchen oder Holzstücke
- Heißkleber
- Stempelkissen
- Papier in Weiß
- Packpapier
- Schleifpapier, 180er-Körnung
- Schere
- Klebestift

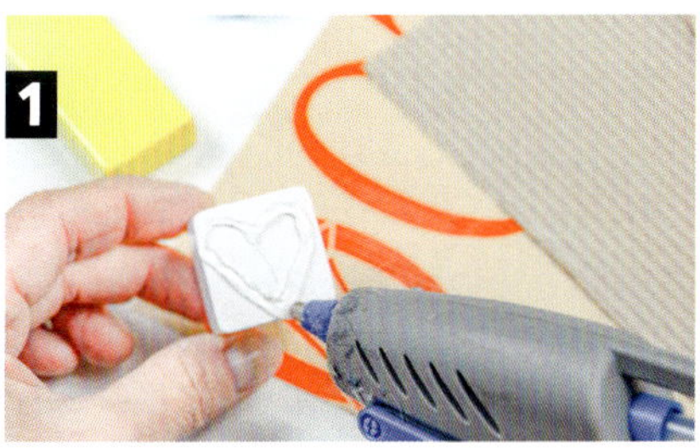

So wird's gemacht

1. Die Oberfläche von lackierten Bauklötzchen muss zuvor mit Schleifpapier etwas angeraut werden, damit der Heißkleber Halt findet. Dann mit der Heißklebepistole die Konturen einfacher Formen auf die Holzstücke malen, z. B. ein Herz oder einen Stern.

2. Nach dem Erkalten wird die Oberfläche der Klebespur mit etwas Schleifpapier abgeflacht. Sollte dann zu wenig Kontur stehen bleiben, trage erneut eine möglichst gleichmäßige Klebespur auf und wiederhole den Arbeitsschritt.

3. Mit den fertigen DIY-Stempeln bedruckst du nun ein weißes Blatt Papier. Schneide dann z. B. die Motive grob aus und gestalte damit deine kreative Weihnachtspost.

TIPP: ***Zerschneide Papiertüten mit Werbeaufdrucken so, dass man die Motive nur in Anschnitten erkennt und kombiniere diese mit den DIY-Stempelmotiven. In Schichten übereinandergeklebt, entstehen interessante Collagen.***

WINTERLICHE FENSTERBILDER

ZUM AUFKLEBEN

Häuserreihen und Schneeflocken sehen aus, wie mit dem Kreidemarker auf die Scheibe gemalt. Sind sie aber nicht! In diesem Fall kann man die Motive jedes Jahr wieder an die Fenster kleben. Das ermöglicht die gute alte Adhäsionsfolie, die ohne Klebstoff haftet.

Material

- Adhäsionsfolie, DIN A4
- breiter Acrylmarker in Weiß
- Schere
- Vorlagen Häuser (VB 2) und Schneeflocke (VB 1)

So wird’s gemacht

1. Die Adhäsionsfolie vom Trägerkarton so weit abziehen, bis die Vorlage darunter platziert werden kann. Die Folie wieder glatt streichen.

2. Mit dem Acrylmarker die Umrisse der Häuser aufzeichnen und diese anschließend ausmalen. Arbeitet man mit senkrechten und waagerechten Linienführungen, sieht das Motiv später gleichmäßiger aus. Fensterkreuze und betonte Linien mit der breiten Malspitze auftupfen.

3. Ist die Farbe trocken, das Motive entlang der Dachkontur ausschneiden.

4. Die Folie abziehen und direkt auf der Fensterscheibe platzieren. Nötigenfalls die Scheibe etwas anhauchen oder sogar die Rückseite des Motivs leicht mit Wasser befeuchten. Klebstoffe sind nicht nötig!

5. Beim Schneeflockenmotiv genauso vorgehen. Hier werden die nach außen verlaufenden Strahlen mit der schmalen Seite der Markerspitze gemalt und die Details aufgestempelt. Dazu den Marker entweder senkrecht halten oder schräg, je nach gewünschter Strichstärke. Beim Ausschneiden knapp an den äußeren Seiten entlangschneiden.

TIPP: ***Um unterschiedliche Motive zu erhalten und um die Folie besser auszunutzen, kann das Grundmotiv leicht modifiziert werden. Das gilt bei den Schneeflocken ebenso wie bei den Häusern. Z.B. einfach die Dach- und Fensterformen leicht anpassen und schon hast du ein neues Motiv.***

HANDLETTERING-GRUßKARTEN

FÜR WEIHNACHTSWÜNSCHE

Handlettering mal ganz easy. An dieser Stelle habe ich dir Vorlagen erstellt, die du einfach abpausen und ausmalen kannst. Schließlich kommt Weihnachten immer ziemlich plötzlich …

Material

- Tonkarton in Schwarz, Hellblau und Weiß
- Kohlepapier
- Acrylmarker in Schwarz und Weiß
- Bleistift
- Zirkel
- Schere oder Cutter und Schneidematte
- Klebestift
- Vorlage Kartenletterings (VB 1)

So wird's gemacht

1. Die Vorlagen mit Kohlepapier auf den Tonkarton übertragen und die Konturen mit den jeweils kontrastierenden Markern nachziehen.

2. Für die Passepartout-Karten den Kreisausschnitt mit dem Zirkel auf einen zur Hälfte gefalteten Bogen Tonkarton vorzeichnen und mit Schere oder Cutter ausschneiden.

3. Das gestaltete Schriftmotiv hinter dem kreisrunden Passepartout platzieren und mit dem Klebestift fixieren.

4. Für die persönliche Botschaft, die du mit der Karte vermitteln möchtest, verwende ein separates Papierstück, ähnlich wie ein kleiner Brief und lege diesen gefaltet in die Karte ein.

MINI-TANNEN
AUS SERVIETTEN

Schnell gemacht und auch mit bunt gemischten Servietten eine Hommage an den Winterwald. Natürlich sind die Servietten zur Benutzung gedacht, nicht nur als Tischdekoration.

Material

- Servietten im Weihnachtsdesign

1

2

So wird's gemacht

1. Die erste Serviette einmal aufklappen, die geschlossene Seite liegt oben. Die linke Ecke von oben nach unten zur Mitte falzen, dann die rechte Ecke fassen und so einrollen, dass die Spitzen sich am Ende überlagern und man einen Kegel erhält.

2. Die überstehenden Spitzen nach innen falzen. Da man zunächst die untere Basis der Tanne herstellt, kann sich diese leicht auflösen. Verhindern kann man dies, indem man, je nach Serviettenqualität, eine weitere Serviette komplett einrollt und beide Enden der Rolle so nach oben knickt, dass sich eine Standfläche in der Mitte bildet. Diese Grundkonstruktion dann als Baumständer in die Unterseite des ersten Kegels stecken.

3. Wie im ersten Schritt beschrieben einen weiteren Kegel formen und über den ersten stülpen. Danach gerne einen dritten Kegel, der auch etwas enger eingerollt werden darf, herstellen und auf die Tanne aus Servietten stecken.

CHRISTBAUMSCHMUCK

AUS KORKSTERNEN

Das Lieblingsmaterial Kork darf auch bei der Weihnachtsdeko nicht fehlen. Da das Material sehr leicht ist, kann man es prima als Baumschmuck einsetzen, aber auch als Geschenkanhänger.

Material

- Korkplatte oder Korkleder
- Schablone aus Kunststoff, hier Modell „Zentangle“
- Acryl-Dekorpaste in Weiß
- Papierbast oder Bindfaden
- Malmesser
- Klebestift
- Bleistift
- Cutter und Schneidematte
- Vorlage Korksterne (VB 1)

1a

1b

So wird's gemacht

1. Die Schablone auf die Korkplatte legen und mit einer Hand gut fixieren. Die Dekorpaste mit dem Malmesser gleichmäßig darauf verstreichen. Dann die Schablone abnehmen und gleich zum Reinigen ins Waschbecken legen und für den nächsten Druckvorgang abtupfen oder trocknen lassen.

TIPP: ***Für Baumschmuck kannst du die Gestaltung auch beidseitig vornehmen. Falls du Korkleder verwendest, klebe zwei Lagen aufeinander, sodass beide Seiten die schöne Oberfläche zeigen.***

2. Nach dem Trocknen der Farbe die Sternvorlage auf das Korkleder übertragen und mit dem Cutter ausschneiden. Ein Bändchen zum Aufhängen auf der Rückseite ankleben oder ein kleines Loch stechen und den Stern auffädeln.

ADVENTSKALENDER

FÜR BÜCHERWÜRMER

Bücherstapel haben etwas sehr Dekoratives, wie ich finde. Geheimnisvoll und farbenfroh liegen die Schachteln übereinander und beinhalten kleine Geheimnisse in Form von kleinen Geschenken. Perfekt also als Adventskalender.

Material

- 12 Pappschachteln in unterschiedlichen Größen
- Tonkarton in verschiedenen Farben
- feiner Filzstift in Schwarz
- Lineal
- Bleistift
- Klebestift
- Schere oder Cutter und Schneidematte

So wird's gemacht

1. Aus einer zweiteiligen Schachtel kannst du zwei Buchfächer herstellen, aus flachen Faltschachteln je ein Buch. Die jeweilige Schachtel mit Tonkarton umhüllen (oberen und unteren Deckel, drei Seitenkanten frei lassen) und mit ca. 1 cm Zugabe zuschneiden. Mit dem Klebestift an der Schachtel fixieren.

2. Die Buchseiten durch Linien mit einem feinen Filzstift an den drei freien Seitenkanten andeuten.

3. Jede Buchattrappe mit einer Überraschung füllen. Fixiere die Zahlen 1–12 an jedem Buch, z. B. in Form von Papier- oder Holzschildchen. Am 12. Tag wird der gesamte Bücherstapel umgedreht und man sieht die Nummerierungen von 13 bis 24, zu diesem Zeitpunkt gefüllt mit neuen Überraschungen.

FREUNDSCHAFTSBÄNDER

MIT MESSAGE

Eine tolle Art der besten Freundin mal alles, was man an ihr mag, aufzuschreiben. Und sie kann es jeden Tag am Arm mit sich tragen. Das Freundschaftsband ist wirklich ein super Geschenk.

Material

- Korkband, 10 mm breit
- feine Acrylmarker in Schwarz und Weiß
- Baumwollkordel, gewachst
- 2 Korkkugeln, 10 mm Ø
- Nadel

3

TIPP: ***Ein Freundschaftsband der besonderen Art verdient auch eine schöne Verpackung. Finde eine passende Schachtel oder suche im Kreativ-Fachhandel nach der richtigen Lösung.***

So wird's gemacht

1. Das Korkband einige Male um das Handgelenk wickeln, um die gewünschte Länge herauszufinden. Durch den Verschluss aus Bändchen und Korkkugeln nochmal 5 cm dazugeben und zuschneiden.

2. Das Korkband mit den Acrylmarkern individuell beschriften. Schreibe hier alles auf, was du der Freundin oder dem Freund schon immer sagen wolltest.

3. Ein Stück Baumwollkordel in die Nadel einfädeln und durch ein Korkbandende stechen. Auf die doppelten Kordelfäden eine Korkkugel auffädeln und verknoten. Das andere Korkbandende genauso arbeiten.

CHALKY-ARMBÄNDER

AUS KORKLEDER

Zwei tolle Materialien dieser Zeit harmonieren in dieser Idee von locker lässigem Armschmuck. Chalky-Pastellfarben auf Naturkork, eine Kombination, die garantiert gefällt.

Material

- zugeschnittenenes Korkleder oder fertiges Korkband, 20 mm breit
- Magnetverschluss
- Alleskleber
- Pappunterlage
- Malerkrepp-Klebeband
- Chalky-Effekt-Farben oder Acrylfarben in Pastelltönen
- Schleifpapier
- Flachpinsel, weich, in verschiedenen Stärken

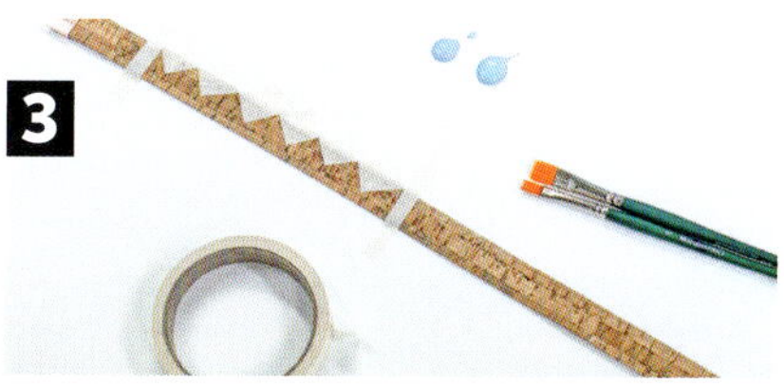

So wird's gemacht

1. Aus einem Streifen Korkleder ein passendes Stück zuschneiden (Umfang des Armgelenks x 2). Die Längskanten knapp nach innen einschlagen und mit Klebstoff fixieren. Wichtig: So weit einschlagen, dass die Enden gut in den Magnetverschluss passen.

2. Beide Verschlussteile mit Alleskleber anbringen und auf der Vorderseite mit Schleifpapier anschleifen, damit später die Farbe darauf hält. Schleifstaub mit einem Pinsel entfernen, danach nicht mehr mit den bloßen Fingern auf das Metall fassen.

3. Dann das Band mit der Vorderseite zu dir auf der Pappunterlage mit Klebeband festkleben und auch Muster damit abkleben. Dann die Farbe vorsichtig mit dem Pinsel auftupfen, dabei immer vom Kreppband in Richtung Kork streichen.

4. Nach dem Trocknen können die bereits gestalteten Flächen ebenfalls mit Kreppband überklebt und in einer zweiten Nuance gestaltet werden.

5. Zum Schluss auch die Magnete bemalen und nach dem Trocknen von der Unterlage nehmen.

SOMMERLICHE ARMREIFEN

AUS STOFFRESTEN

Den richtigen Schmuck zum Kleid zu finden, ist manchmal gar nicht so leicht. Deshalb einfach einen Armreif mit dem passenden Stoffrest einkleiden und schon ist alles perfekt.

Material

- Kunststoffgefäße, zylinderförmig
- Stoffreste von Jersey und Baumwollstoff
- Heißkleber oder Nadel und Faden
- Küchenmesser
- Schleifpapier
- Schere
- Haarklammer

So wird's gemacht

1. Das Kunststoffgefäß sollte einen Durchmesser von ca. 7cm haben. Nach gründlichem Auswaschen und Trocknen wird das Gefäß dann in etwa 3–4cm breite Ringe geschnitten. Das geht am besten mit einem glatten Küchenmesser (Vorsicht, Verletzungsgefahr!) oder mit der Schere. Nötigenfalls die Kanten mit Schleifpapier etwas glätten.

2. Den Jerseystoff der Breite nach in Streifen schneiden. Da der Stoff sich an den Kanten einrollt, dürfen die Streifen nicht zu schmal sein. Die Streifen nicht in die Länge ziehen, da sie sich sonst noch stärker einrollen und schlechter verarbeiten lassen.

3. Den Baumwollstoff in Streifen reißen. Dazu mit der Schere einen kleinen Einschnitt am Stoffrand vornehmen und von dort aus mit Kraft einreißen.

4. Variante 1: Die Jersey-Streifen um den Ring wickeln und dabei sich überlappen lassen. Die verdeckte Kante mit dem Finger leicht glatt ziehen und mit einem Versatz von 1mm den gesamten Kunststoffring umwickeln. Die Baumwollstreifen ebenso um den Ring wickeln. Zieht man zuvor einige Reihen der Gewebefäden heraus, entsteht ein plastischer, flauschiger Effekt, der an Vogelfedern erinnert.

TIPP: ***Es können auch unterschiedliche Muster und Farben abgewechselt werden. Das Ende jeweils mit einem Tropfen Heißkleber oder mit Nähgarn fixieren.***

5. Variante 2: Bei der Verarbeitung von Baumwollstoffstreifen können auch Web-Effekte eingearbeitet werden. Dazu mit einer Haarklammer die quer verlaufenden Wicklungen ohne Überlappung anfertigen und mit Streifen in einer anderen Farbe in Längsrichtung mithilfe einer Haarklammer durchweben.

6. Variante 3: Der Armreif bekommt durch Auspolsterung der Außenfläche eine halbrunde Form. Dazu einen Stoffstreifen mehrfach zu einem Schlauch wickeln. Die Länge des Schlauchs dann dem Umfang des Rings anpassen und drumherum drapieren. Mit Klebstoff oder Nähgarn schießen. Dann wie oben beschrieben mit Stoffstreifen nach Wahl bedecken.

TIPP: ***Vom Schnitt des DIY-Sommerkleids sind noch Reste übrig? Mit dieser Idee wird der passende Schmuck dazu gestaltet! Für alle anderen ist die Restekiste im Stoffladen eine preisgünstige Quelle für aktuelle Stoffdesigns.***

FURNIER-WINDLICHTER

IM EINMACHGLAS

Hast auch du immer eine kleine Reserve an hübschen Kerzenlichtern im Schrank? Genau das Richtige für romantische Stunden oder als spontanes Mitbringsel.

Material

- Holzfurnierstoff, selbstklebend
- Einmachglas, 8,4 cm Ø, 12,5 cm hoch
- Zierbänder
- Stempel und Stempelkissen
- feiner Acrylmarker in Weiß
- Kerze
- Sand
- Mini-Pompons, Kiefernzapfen
- Heißkleber
- Schere
- Bleistift
- Schleifpapier
- Vorlage Herz (VB 2)

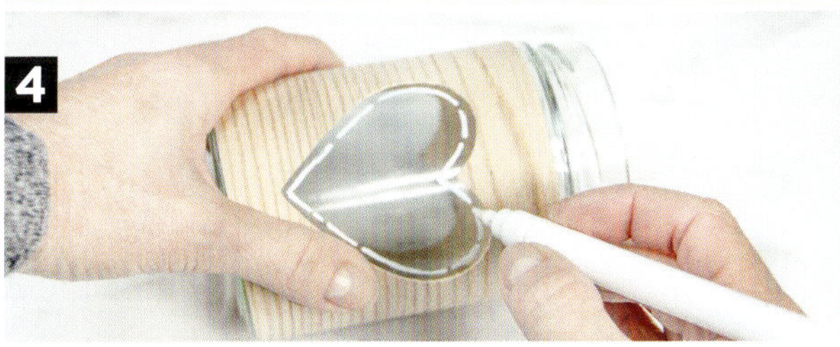

So wird's gemacht

1. Ein Stück Holzfurnierstoff so zuschneiden, dass das Glas damit umschlungen werden kann und die Endstücke sich noch leicht überlappen.

2. Auf der Rückseite des zugeschnittenen Furnierstoffs, also dem Trägerpapier, zwei Herzen mithilfe der Vorlage aufzeichnen. Die Herzen mit der Schere herausschneiden und dabei so vorgehen, dass am Schluss die Herzen und der Furnierstoff mit den Herzausschnitten verwendet werden können.

3. Das Trägerpapier abziehen und die Holzschicht auf die gereinigte Glasoberfläche kleben.

4. Mit dem Acrylmarker einige Konturen auf das Glas und auch auf das Holz malen. Sehr hübsch sehen angedeutete Nähte aus.

5. Zur Verzierung des Blechdeckels die Oberfläche mit etwas Schleifpapier anrauen, so können die Motive aus Holzfurnierstoff besser haften. Dann die ausgeschnittenen Herzen oder auch ein anderes Motiv aufkleben.

TIPP: ***Klebe symmetrische Furnierstoffmotive gegeneinander, lege ein Stück Zierband dazwischen und fertige so kleine Geschenkanhänger aus Holz.***

6. Mit Bändern und Stempelmotiven die Gläser individuell dekorieren und beschriften. Zum Schluss Sand und Kerze einfüllen oder die Gläser mit selbst gemachtem Gebäck füllen.

Schwarzwald-Variante:

Mini-Pompons aus dem Hobbyfachhandel mit etwas Heißkleber zu kleinen Gruppen verbinden und so eine optische Verbindung zum traditionellen Bollenhut der Schwarzwald-Tracht andeuten. Kiefernzapfen und Tannenmotive unterstreichen den Look.

BOTTLEWRAPS
AUS KORKLEDER

Ob für den Einsatz zu Hause oder als Geschenkzugabe, die Eigenschaft von Kork, Warmes länger warm zu halten und Kühles länger kühl, findet sinnvollen Einsatz als Hülle, die um eine Flasche drapiert wird.

Material

- pro Flasche 1 Bogen Korkleder
- Flasche
- Klebstoff oder Nähnadel und Faden
- Schablone nach Wahl
- Textilfarbe, deckend
- Schablonen-Fixierspray
- Schere
- Schablonierpinsel oder Schwamm

2

4

5

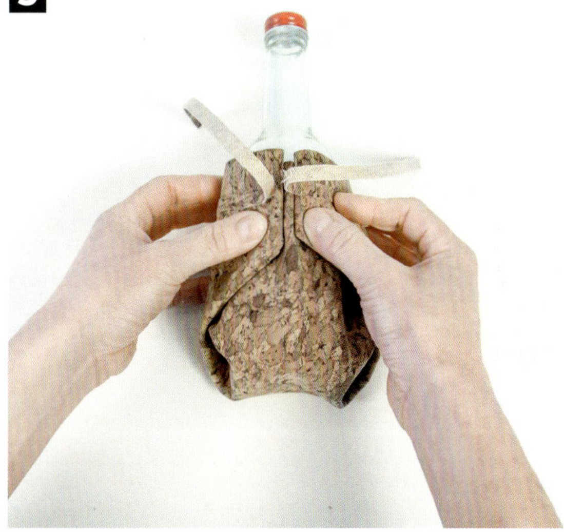

So wird's gemacht

1. Das Korkleder quadratisch zuschneiden. Die Größe kann nach Wunsch variieren, sollte jedoch doppelt so hoch sein wie der Flaschenkorpus.

2. Schneide an zwei Seiten des Korkquadrats einen schmalen Streifen ab (ca. 1cm breit) und fixiere die Streifen aneinandergelegt ca. 2cm unterhalb der oberen Kante mit Kleber oder Nadel und Faden und lasse links und rechts ca. 2cm unfixiert stehen.

3. Platziere die Flasche mittig auf der linken Seite des Korks, der Flaschenhals ragt heraus. Klappe die untere Korkseite nach oben und schlage so die Flasche in das Quadrat ein. Klappe dann die seitlichen Ecken zur Flasche hin.

4. Greife das Korkleder mittig an den Seitenkanten und klappe es nach innen zur Flasche hin. So ergibt sich eine Trapezform.

5. Falte beidseitig die beiden übereinanderliegenden Ecken etwa 2cm nach innen, bis zu jener Stelle, wo das Band befestigt ist. Führe beide Seiten zusammen und verknote die Enden des Bands miteinander.

HINWEIS: ***Das Material lässt sich vielseitig auch farblich gestalten. Ich zeige dir hier zwei Möglichkeiten auf. Die Gestaltung kann bereits vor dem Zuschnitt erfolgen.***

6. Deckende Textilfarbe auf die Schablone auftupfen. Ein Schablonen-Fixierspray erleichtert das exakte Platzieren und verhindert das Verlaufen der Farbe. Durch Ergänzen der Motive mit einem Schablonierpinsel, bekommt das Design eine individuelle Note. Durch Auftragen einer Farbe mittels Schwamm wird die Korkstruktur dezent gefärbt. Durch wiederholten Farbauftrag kann die Intensität verstärkt werden.

SISALKÖRBCHEN ALS MITBRINGSEL

Vielfältig einsetzbar und zeitlos im Design sind Körbchen aus Sisalkordel. Saisonal dekoriert sind sie ein universeller Tischschmuck.

GROSSES KÖRBCHEN

Material

- Sisalseil, 16 mm Ø
- Heißkleber

So wird's gemacht

1. Das Seilende mit etwas Heißkleber versiegeln. Dann das Ende umknicken und eng zu wickeln beginnen, wie ein Schneckenhaus. Die Wickelung mit der Zange festhalten und nach und nach immer Klebstoff auftragen und weiterwickeln.

2. Sobald der Boden stabil ist, gestaltest du die Wickelung schalenförmig nach oben. Dann lässt du etwas Seil überstehen, kappst das Ende und versiegelst es erneut mit Klebstoff.

3. Für ein interessantes Detail legst du das übrige Seil entweder lässig auf den Tisch oder knotest es und befestigst es mit Klebstoff am Korbrand.

KLEINES KÖRBCHEN

Material

• Sisalseil, 16 mm Ø	• Heißkleber	• Einmachglas mit Kerze

So wird's gemacht

1. Wiederhole die Schritte 1–2 des großen Körbchens von Seite 170. Lass aber lediglich ein kurzes Ende überstehen, versiegle es mit Klebstoff und klebe dieses komplett am Korbrand fest.

TIPP: ***Um Verletzungen zu vermeiden, immer nur einen kleinen, kontrollierbaren Bereich des Seils mit dem heißen Klebstoff bearbeiten und die Verbindung so lange festhalten, bis der Klebstoff kalt ist. Dies benötigt einiges an Zeit und Geduld.***

2. In das Körbchen ein Einmachlas mit einer Kerze stellen oder es mit Beeren, Blättern und anderen Naturmaterialien dekorieren.

ZIERTELLER

FÜR GREENERY-FANS

Zum Schluss wird es noch einmal farbenfroh! Der Zierteller mit verschiedenen Motiven im Greenery-Style sind wertvolle Einzelstücke und somit ein besonderes Geschenk für besondere Menschen, die das Grün ebenso lieben wie ich.

Material

- Keramikteller
- Baumwolltuch
- Keramikfarbe in Grüntönen
- Flachpinsel, weich
- Haarpinsel, weich
- Vorlage Blätter (VB 1)

3

4

So wird's gemacht

1. Den Porzellanuntergrund sorgfältig mit Spülmittel säubern, damit er staub- und fettfrei ist. Die Spülwasserreste vor dem Bemalen gut abspülen und mit einem Baumwolltuch nachreiben. Die Oberfläche anschließend nicht mehr mit den Fingern berühren.

2. Die Keramikfarbe gut aufrühren, da sich Farbpigmente im Glas absetzen – nicht schütteln, da sich sonst störende Bläschen bilden.

3. Die Grundfläche zunächst nach Wunsch in einem oder mehreren hellen Tönen bemalen, dazu ist ein Flachpinsel mit weichen Borsten geeignet.

4. Danach die Farbe etwa eine Stunde trocknen lassen, um dann die Blätter in einem dunklen Ton mit einem weichen Haarpinsel aufmalen zu können. Die Zwischenräume mit Gräsern füllen.

5. Die Farbe des Gesamtmotivs ist nach 30 Minuten trocken, nach 3 Tagen spülmaschinenfest. Die selbst gestalteten Keramikartikel im Gläser- und Tassenprogramm bei max. 50 °C oder von Hand spülen.

TIPP: ***Manche Farben müssen nach der Trocknung im Backofen eingebrannt werden. Bitte die Hinweise des jeweiligen Herstellers beachten.***

ÜBER DIE AUTORIN

Die Designerin und erfolgreiche Buchautorin **Martina Lammel** ist seit vielen Jahren bekannt durch ihre regelmäßigen TV-Auftritte in SWR, ARD und Kabel 1. In ihrem Atelier in Ettlingen entstehen täglich Entwürfe für neue Ideen rund um Upcycling & Homedeko, Textildesign und Mixed Media. Neuheiten im Bereich Arts & Crafts inspirieren die Autorin, die in vielfältigen Themen des DIY auch selbst als Entwicklerin von Werkzeugen und Produkten aktiv ist.

www.martinalammel.de

NOCH MEHR BASTELINSPIRATIONEN

Einfach – Basteln
978-3-86355-809-3
19,99 € (D) / 20,60 € (A)

DIY – Do it yourself
978-3-96093-644-2
19,99 € (D) / 20,60 € (A)

Kranzbinderei – Flower Hoops und Kränze selbst gemacht
978-3-96093-044-0
15,99 € (D) / 16,50 € (A)

Meine liebsten Kreativ-Projekte – Weihnachten
978-3-96093-517-9
14,99 € (D) / 15,50 € (A)

IMPRESSUM

Der Verlag und die Verfasserin bedanken sich für die Unterstützung bei Rayher Hobby, Marabu und Efco.

Bibliografische Information der Deutschen Bibliothek.

Die Deutsche Bibliothek verzeichnet diese Publikation in der Deutschen Nationalbibliografie.

Detaillierte bibliografische Daten sind im Internet über http://www.dnb.de/ abrufbar.

EIN BUCH DER EDITION MICHAEL FISCHER

1. Auflage 2019

Covergestaltung: Anna Obermüller
Layout und Satz: Michaela Zander
Redaktion und Lektorat: Judith Wiedemann
Fotos: Martina Lammel; Autorenportraits (S. 5, 124, 125, 174): Manuel Trapp
Illustration: © Julia Henze/Shutterstock (S. 120); © 053StudioSign/Shutterstock (Buchrücken);
© Tobias Steinert/Shutterstock (Cover, S. 1)

ISBN 978-3-96093-286-4

Gedruckt bei Polygraf Print, Čapajevova 44, 08001 Prešov, Slowakei

www.emf-verlag.de